Ein Tropfen Raumzeit

Gerhard Höberth

Über den Autor:

Gerhard Höberth, Jahrgang 1960, arbeitete zunächst als Computertechniker, Informatiker, technischer Zeichner, Gärtner, Schafhirte, Grafiker und Kunstmaler, bevor er an der Universität Wien Philosophie studierte. Dazwischen beschäftigte er sich mit vergleichender Religionsforschung, folgte verschiedenen Einweihungswegen traditioneller, spiritueller Richtungen und absolvierte diverse systemische und therapeutische Ausbildungen. Seit 1991 arbeitet er unter anderem als Philosoph, bildender Künstler und freier Autor.

Kontakt:

Email: info@hoeberth.de   Website: www.hoeberth.de

Bisher erschienene Bücher:

- «Struktur der Ganzheit», 2000, KernVerlag
- «ITEX Kurioso», 2006 , creAstroVerlag
- «Evolutionärer Idealismus», 2010, creAstro-Verlag
- «Warum Astrologie funktioniert», 2012, creAstro-Verlag
- «Kosmische Momente», 2014, creAstro-Verlag
- «Die Welt von Innen», 2016, creAstro-Verlag
- «Die ewige Suche», 2020, creAstro-Verlag
- «Jenseits der Grenzen», 2023, creAstro-Verlag

Gerhard Höberth

Ein Tropfen Raumzeit

creAstro Verlag
Gerhard Höberth

Besuchen Sie auch die Website www.creastro.de

Bibliografische Information der Deutschen Bibliothek: Die Deutsche Bibliothek verzeichnet diese Publikation in der Deutschen Nationalbibliografie; detaillierte bibliografische Daten sind im Internet über https://portal.dnb.de/opac.htm abrufbar.

Gerhard Höberth
Ein Tropfen Raumzeit

Wasserburg am Inn, Creastro-Verlag 2023

ISBN 978-3-939078-15-9

1. Auflage 2023
Illustrationen: Gerhard Höberth
Umschlaggestaltung: Gerhard Höberth
Printed in Germany

Inhaltsverzeichnis

1. Ein Tropfen Raumzeit ...

Wir sind innerhalb.»

Er verstand immer noch nicht ganz: «Wie innerhalb, innerhalb wovon?»

«Innerhalb der Ganzheit. Etwas träumt, und dieser virtuelle Traum ist unsere reale Wirklichkeit. Es ist eine Art Cyberspace.»

«Und da ist dann mein Bewusstsein? Innerhalb des Cyberspace?», fragte er noch mal nach.

«Genau. Und dein Bewusstsein ist ein Teil des Cyberspace. Und nur diesen Teil erlebst du als Geist, den Rest erlebst du von außen und deshalb erscheint es dir als Materie. Materie und Geist sind das Prinzip dieses virtuellen, bewussten Kosmos. Jenen Teil des umfassenden Bewusstseins, mit dem du dich identifizierst, den erlebst du als deinen eigenen Geist und den Rest als Materie der anderen. Materie ist Bewusstsein von außen und Bewusstsein ist Materie von innen.»

Immer noch etwas verwirrt, schaltete er die Verbindung zur KI seiner Station ab und wandte sich zum Fenster. Obwohl es draußen schon dunkel war, wusste er, dass sein Ziel in dieser Richtung lag. Zum ersten Mal spürte er so etwas wie Heimatverbundenheit.

Und die Religion seiner Herkunft spielte dabei eine große Rolle. Woraus aber bestand dieses Heimatgefühl? War es mehr als die Angst vor dem Unbekannten? Mehr als die Sehnsucht nach der rhythmischen Wiederholung des Bekannten? Ein mikroskopisches Abbild von Tag und Nacht, Vollmond und Neumond, Sommer und Winter, an dem man sich orientieren wollte, um die Angst vor einer lebensgefährlichen Welt zu unterdrücken, die einem jeden Augenblick alles zu nehmen drohte?

Ihn überkam der Verdacht, dass er nicht nur im Fenster, sondern auch in seinen Gedanken auf ein Spiegelbild seiner selbst starrte. Abrupt drehte er sich um und blickte auf das Bild über seinem Schreibtisch. Es zeigte eine Burg mit vielen runden Türmen, die in einem Wurzelstock endeten. Diese waren jedoch nicht im Boden verankert, sondern schwebten frei im Raum. Daneben schwebten kleine pilzförmige Häuschen, die mit ihren kleineren Wurzeln ebenfalls nirgendwo Halt fanden. Die Perspektive des Bildes war so gewählt, dass man aus dem Inneren eines solchen Häuschens über die Terrasse hinweg auf die Szene blickte. Vom Rand der Terrasse führte eine Reihe von Trittsteinen zum Nachbarhaus. Sie sahen aus wie große Kieselsteine in einem Gebirgsbach. Nur dass das Wasser und der Berg fehlten. Daneben stand ein erklärender Spruch des Malers: «Nicht derjenige ist besser dran, der die stärksten Wurzeln hat, sondern derjenige, der sich im freien Raum ohne Halt sicherer bewegen kann». Gerhard Höberth, 1986. Diesen Künstler kannte er nicht, auch die Jahreszahl sagte ihm nichts. Aber das Bild begleitete ihn thematisch, seit er hier war.

Heimat war ein sehr dehnbarer Begriff. Er hing von der Weite des Horizonts und der Schnelligkeit und Leichtigkeit des Reisens ab. Je größer die Erfahrung und je schneller Entfernungen überwunden werden konnten, desto weiter war der Heimatbegriff. Aber eine zweite Komponente kam hinzu: Die Angst, dass die Ressourcen nicht für alle reichen, konnte den Heimatbegriff schnell wieder sehr eng werden lassen. Insofern hatte das Heimatgefühl durchaus einen evolutionären Sinn, denn es sorgte dafür, dass die eigenen Gene bevorzugt überlebten. Und schließlich war der Blick, den das Gemälde bot, auch ein Blick aus dem Inneren eines Hauses. Implizit war also auch das Thema Heimat präsent, das es explizit ablehnte. Heimat als subjektiver Blick auf den Kosmos.

Vielleicht hatte er den Künstler einmal gekannt, aber er konnte sich nicht erinnern. Er konnte sich an so vieles nicht erinnern – so fühlte es sich jedenfalls an. Vielleicht hatte er seine Gefühle auch falsch gedeutet und es war Fernweh und nicht Heimweh? War er überhaupt schon einmal dort gewesen, wohin er jetzt zurückkehren wollte? Viele Gebete an das Ganze, das ihn umgab, drehten sich um das Thema, an das er sich besser erinnern wollte. Aber bisher waren sie alle vergeblich gewesen. Seine bewussten Erinnerungen zeigten ihm immer nur diesen Raum, als hätte er ihn seit seiner Geburt nie verlassen, als wäre all sein Hab und Gut in diesen Mauern eingeschlossen. Aber sein Gefühl sagte ihm, dass er einen reichen Schatz an Erfahrungen in sich trug, als hätte er Jahrtausende gelebt und das Leben unzähliger Wesen gleichzeitig in sich aufgesogen. Er spürte einen Sinn in seinem Leben, auch wenn er ihn nicht konkretisieren konnte. Er schüttelte sich und wandte sich zum Gehen. Er wusste, dass seine Heimreise jeden Moment beginnen und nur einen Augenblick dauern würde. Die Dunkelheit vor dem Fenster war durch das Plasma der energetisierten, plankschen Raumzeitquanten entstanden, die ihn in einer Blase einschlossen und vom Kosmos trennten. So wie ein Wassertropfen, an der Oberfläche von der Sonne erwärmt, in eine Gletscherspalte tropft und unten sofort wieder mit dem Eis gefriert, so wird der Raum um ihn herum aus dem Kosmos herausgelöst, mit dem Resonanzmuster der Ziel-Raumzeit vorstrukturiert und tropft dann durch den Hyperraum zum Ziel, um dort wieder mit dem Universum zu verschmelzen. Man konnte nicht mit Überlichtgeschwindigkeit durch den Raum reisen. Aber man konnte in einer Raumblase neben und mit dem Raum reisen. Das kostete weder Zeit noch Entfernung, aber es kostete Energie. Sogar sehr viel Energie. Je weiter man reisen wollte, desto mehr musste man investieren. Und er musste sehr weit reisen, um wieder nach Hause zu kommen. Er hatte das Gefühl, zum ersten Mal seit langer Zeit diesen Raum zu verlassen. Er öffnete die Tür und betrat zu seiner Überraschung eine Art Museum. Eine ganze Kultur, nein, Tausende von Kulturen waren hier in ihrer ganzen Vielfalt auf engstem Raum zusammengedrängt. Aber es waren nur Projektionen. Projektionen seiner Erinnerungen, die er verdrängt, vergessen hatte. Und nun erinnerte er sich wieder. Seine Aufgabe war es, als Botschafter genau diese Informationen aus den fremden Kulturen mit nach Hause zu bringen. Vorsichtig und neugierig zugleich ging er voran. Plötzlich wusste er, was auf ihn zukommen würde. All diese Informationen waren in seinem Kopf gespeichert. Und jetzt, da er das Ziel erreichte, das er eben noch für seine Heimat gehalten hatte, würden diese Informationen von ihm verlangt werden. Sensoren würden in sein Gehirn eindringen, das Netzwerk seiner Neuronen infiltrieren und ihn aussaugen, bis er alle Botschaften und Fakten preisgegeben hatte. Plötzlich wurde ihm schwindelig. Er spürte, wie sich die Ausläufer der Sensoren mit seinem Gehirn verbanden. Gleich würden sie in seinen Geist eindringen und seine Individualität auflösen. Er war wie erstarrt. Weder körperlich noch geistig war er in der Lage, sich auch nur ansatzweise gegen das Geschehen zu wehren. Er war wie gelähmt und wartete. Aber nichts geschah. Nur Geschichten tauchten aus seinem Gedächtnis auf.

So viele Geschichten ...

2. Prähistorische Architektur

«Stefan!» Er zuckte zusammen. Er musste kurz eingeschlafen sein. Hatte ihn jemand gerufen? Nein, es war nur in seinem Kopf. Er hatte geträumt, dass ihn jemand gerufen hatte. Er richtete sich auf und schaute sich um. Er war gerade dabei, aus Bananenblättern, die er in Streifen geschnitten hatte, ein Sitzkissen zu flechten. Seit drei Monaten hatte er es sich hier gemütlich gemacht. Vieles hatte sich verändert. Vor allem er selbst war nicht mehr derselbe. Inzwischen war er sogar davon überzeugt, dass er selbst dafür gesorgt hatte, dass er jetzt hier war.

Vor einem Jahr sah die Welt noch ganz anders aus. Konnte er das überhaupt so sagen – «vor einem Jahr» – wo er doch gar nicht wusste, in welcher Zeit er sich befand?

Der Besuch der Pyramiden sollte den Abschluss einer Studienreise bilden. Vom Flughafen, noch bevor er sein Hotelzimmer bezogen hatte, war er mit dem Taxi direkt zur Sphinx gefahren. Doch 150 Meter vor dem Ziel wurde ihm plötzlich schwindelig. Als er wieder zu sich kam, lag er allein hier im Regenwald. Aber man hatte ihn nicht woanders hingebracht, wie er zunächst geglaubt hatte, denn wie er kurz darauf entdeckte, stand die Statue der Sphinx noch immer, wie frisch aus Stein gemeißelt, ohne die geringste Spur von Erosion, etwa 150 Meter entfernt auf einer Lichtung. Er war nicht an einem anderen Ort. Er war in einer anderen Zeit.

Eigentlich müsste er sagen, dass er vor 12 Monaten ein ganz anderer Mensch war. Damals wusste er alles. Nicht in dem Sinne, dass er glaubte, alle Informationen zu besitzen, sondern in dem Sinne, dass er glaubte, jede neue Information in sein bestehendes Weltbild einordnen zu können. Der Schriftsteller Arthur Charles Clark, der die Hintergrundgeschichte für den Film «2001 – Odyssee im Weltraum» schrieb, sagte einmal: «Jede hinreichend fortgeschrittene Technologie ist von Magie nicht zu unterscheiden.» Das war auch sein Credo: Wenn einem etwas wundersam vorkommt, dann nur, weil man die Technik dahinter nicht durchschaut. Er selbst gehörte einer Generation an, die das aus eigener Erfahrung bestätigen konnte. In seiner Kindheit hätten die Nachbarn allen Ernstes mit der Wünschelrute bestimmt, wo sie ihre Milchkannen hinstellen sollten. Für diese Menschen wäre ein Smartphone damals pure Magie gewesen. Sein Leben beinhaltete beides.

«Stefan!» Er zuckte zusammen. Wieder dieser laute Ruf seines Namens in seinem Kopf. Vorsichtig stand er auf, ging zur Eingangstür seiner Laubhütte und schob den Lianenvorhang ein Stück zur Seite, um hinausschauen zu können. Tatsächlich stand dort einer der Priester, die er in den letzten Wochen immer wieder beobachtet hatte, und blickte genau in seine Richtung. Stefan schoss das Adrenalin ins Blut. Bisher hatte er immer geglaubt, unbemerkt zu bleiben. Das war offensichtlich ein Irrtum gewesen. Er konnte keinen klaren Gedanken fassen. Von den beiden Alternativen ‚Kampf' oder ‚Flucht' entschied er sich instinktiv für die dritte: ‚Totstellen'.

«Stefan, komm!», übertönte ein klarer Gedanke sein inneres Chaos. Und es klang überhaupt nicht bedrohlich. Sein Adrenalinspiegel sank und ihm wurde klar, dass nichts passieren würde, wenn er nicht selbst etwas unternahm. Der Priester stand einfach nur da und starrte ihn an. Und dass sie stundenlang regungslos dastehen konnten, hatte er schon erlebt. Sollte es umsonst gewesen sein, dass er sich in den letzten Monaten nur von Kokosnüssen und Bananen ernährt hatte? Hätte er einfach in die Siedlung marschieren können und wäre mit offenen Armen empfangen worden? Zum zweiten Mal geriet sein Weltbild ins Wanken.

Vor einem Jahr war er noch ein richtiger Ekel gewesen, und wenn er daran dachte, wie unterirdisch er sich der Frau genähert hatte, die alles in seinem Leben verändert hatte. Nein, darüber wollte er nicht nachdenken. In seiner Eigenschaft als Archäologieprofessor hatte er in einem abgelegenen Seminarhotel einen Wochenendkurs über historische Architektur für Studenten gehalten. Seit etwa einem Jahr war er geschieden, und so stand sein Vorsatz schon lange vor der Abreise fest: Er wollte die Gelegenheit für ein erotisches Abenteuer nutzen. Aber unter den Studentinnen fand er nicht die Richtige, abgesehen davon, dass es rechtlich immer schwierig war. So war er hocherfreut, als er am Samstag nach dem Mittagessen die junge Frau auf einer Bank unter einem Baum sitzen sah, die ihnen am Freitag als Köchin vorgestellt worden war, die für ihr leibliches Wohl sorgen würde.

So ging er voller Elan auf sie zu und fragte: «Darf ich mich zu Ihnen setzen? Der kühle Schatten und Ihre Anwesenheit wirken so einladend!» Er schämte sich noch für seine Unbeholfenheit.

Sie sah ihn kurz an, dann rutschte sie ein wenig zur Seite und deutete mit der Hand auf den Platz neben sich: «Bitte.» Er fühlte sich schon auf halbem Weg. Um ein Gespräch in Gang zu bringen und seine Autorität als Leiter der Veranstaltung in den Vordergrund zu stellen, was er für sein Vorhaben als hilfreich erachtete, fragte er: «Also, was halten Sie von unserer Veranstaltung?» Nach kurzem Zögern antwortete sie mit einem skeptischen Seitenblick: «Wollen Sie das wirklich wissen?» «Aber natürlich», antwortete er, «Sie scheinen mir eine intelligente Frau zu sein, und Sie sind nicht von mir abhängig wie meine Studenten, so dass ich ein objektives Urteil erwarten kann.» Das war natürlich gelogen. Er wollte sie ins Bett kriegen. Dazu musste ein Gesprächsfluss entstehen, den es dann in die richtige Richtung zu lenken galt. Das war seine Absicht, aber er wusste natürlich noch nicht, wie sehr die nächsten Minuten sein Bild von Frauen und sein Bild von der Geschichte der Menschheit verändern würden. «Gib mir deine Hand», sagte sie. Stefan streckte seine linke Hand aus. «Umdrehen, Handfläche nach oben», sagte sie und bückte sich, um eine der vielen abgefallenen rosa Blüten des Baumes, unter dem sie saßen, aufzuheben. Dann klemmte sie die kleine, noch relativ frische Blüte zwischen Mittel- und Ringfinger. «Die Größe dieser kleinen Pfirsichblüte nehmen wir als Symbol für deine Lebensdauer von etwa 80 bis 100 Jahren.» Stefan wusste nicht, dass sie unter einem Pfirsichbaum saßen. Aber er fand die Idee schön. Jetzt strich sie mit dem Finger über seine Hand. Die Dinge entwickelten sich vielversprechend. Als sie am ersten Gelenk seines Mittelfingers ankam, sagte sie: «Hier beginnt die Aufklärung und die industrielle Revolution.» Am nächsten

Gelenk: «Das ist die Entdeckung Amerikas», am Übergang vom Finger zur Handfläche: «Hier liegt die Erfindung des Buchdrucks». Als sie langsam über seine Handfläche strich, durchlief Stefan ein wohliger Schauer der Erwartung. So einfach hatte er es sich nicht vorgestellt. Als sie sein Handgelenk erreicht hatte, sagte sie: «Hier sind wir am Beginn der Neuzeit», und kurz darauf: «Und hier sind wir in der Achsenzeit. Die Zeit von Laotse, Konfuzius, Zarathustra, die Zeit des jüdischen Exils in Babylon, die Zeit Homers und die Blütezeit der griechischen Philosophie» Ihr Finger wanderte erbarmungslos die Innenseite seines Unterarms hinauf bis zur Armbeuge, und er erlag ihrer Sinnlichkeit, ohne ihre Kommentare wirklich zu registrieren. In der Armbeuge angekommen, sagte sie: «... und hier beginnt die halbwegs gesicherte Geschichte der Menschheit. Alles, was davor liegt, ist prähistorisch.» Dann deutete sie an ihm vorbei: «Sehen Sie das Ende der Bank?» Er drehte sich um und schaute über seine linke Schulter auf den Rest der Bank. Er war so nah an sie herangerutscht, dass selbst auf dieser kleinen Bank noch zwei Personen bequem neben ihnen Platz gefunden hätten. «Hier sind wahrscheinlich die Höhlenmalereien Südfrankreichs entstanden und hier endete die letzte Eiszeit. Und jetzt schauen Sie links am Hotel vorbei. Sehen Sie den Kirchturm dort hinten?» «Ja», sagte Stefan. Er war auf dem Weg hierher durch diesen Ort gefahren und erinnerte sich, dass das Navi gesagt hatte: «Noch 2,5 Kilometer bis zum Ziel». «Dort», fuhr sie jetzt fort, «liegt der Beginn des Erdzeitalters Pleistozän und der evolutionäre Beginn der Menschheit. Aber alles zwischen Ihrer Armbeuge und dem Kirchturm ist Neuland. Was, wenn wir nicht die Ersten gewesen wären, die eine Kultur entwickelt hätten? Hunderte von Hochkulturen wie die unsere könnten in diesem Zeitrahmen untergegangen sein, und die Erosion des Wechsels zwischen Kalt- und Warmzeiten hätte keine Spuren von ihnen hinterlassen.» Nach einer kurzen Pause fuhr sie fort: «Überall auf der Welt gibt es Mauern, deren Steine mit einer für uns heute unvorstellbaren Präzision aufeinander abgestimmt sind. Und es gibt erhaltene Statuen, deren Konstruktion auch heute noch von Computern durchgeführt werden müsste, weil es keine Werkzeuge gibt, die eine solche Verbindung aller 3D-Komponenten gewährleisten könnten. Und jeder, der ehrlich zu sich selbst ist, muss auch zugeben, dass wir nicht die geringste Ahnung haben, wie es die Menschen früher geschafft haben, die Pyramiden zu bauen.» Stefan war jetzt etwas verwirrt. Das Gespräch hatte eine unerwartete Wendung genommen. Er wollte widersprechen und die Deutungshoheit über das Thema zurückgewinnen, aber er wusste nicht wie. «Was meinen Sie», fuhr sie fort und erhob sich von der Bank, «was ich von Männern halte, die alles, was sie vorfinden, auf die Länge ihres Unterarms reduzieren?» Sie lächelte freundlich, drehte sich um und ging zurück ins Haus.

Zu einer intimen körperlichen Begegnung kam es nicht mehr. Aber das Erlebnis hatte sich eingeprägt. Stefan begann nun, selbst zu den Stätten dieser archäologischen Rätsel zu reisen, und immer öfter merkte er, dass er nicht mehr wusste, ob er alle Informationen in sein Weltbild einordnen könnte, wenn er sie denn hätte. Sein trügerischer Wunsch, beim Bau dieser Mauern dabei zu sein, wurde immer stärker. Und als er vor drei Monaten vor der Sphinx stand, wurde dieser Wunsch zu einem unbändigen

Verlangen. Er wollte dabei sein, es mit eigenen Augen sehen. Dann war ihm schwindelig geworden. Jetzt stand er hier. Noch immer in Todesstarre, die sich nun löste, stand er hinter dem Vorhang seiner Tür und starrte den Priester an, der regungslos vor seiner Hütte wartete. Er löste seinen Blick und sah sich vorsichtig um. Das einzig Persönliche in seinem Unterschlupf war der kleine Lederkoffer. Er hatte ihn sowohl vor einem Jahr im Seminarhotel als auch vor drei Monaten bei seiner Ankunft in Kairo bei sich gehabt. Er war das Letzte, was ihn an sein altes Leben erinnerte. Würde er ihn jetzt noch brauchen? Wohl kaum. Er ließ ihn liegen und trat aus der Hütte. Als der Priester ihn sah, nickte er kurz, drehte sich dann langsam um und ging den Weg in Richtung Siedlung entlang. Stefan folgte ihm. Jetzt ging er selbst die Wege, die er all die Wochen nur aus der Ferne beobachtet hatte, wie die Priester beim Gehen tonnenschwere Steinblöcke neben sich schweben ließen und mit kleinen Handbewegungen lenkten. Und diese Wege schienen auf ihn abzufärben, während er sie ging. Mit jedem Schritt wuchs seine Gewissheit, dass die Menschen hier ihn für reif hielten, sich ihrer Gemeinschaft anzuschließen.

Ihm war in den letzten Wochen klar geworden, dass das moderne Weltbild den Geist, den Menschen, sein Bewusstsein, seine Fähigkeit, Wahrnehmungen nicht nur zu haben, sondern auch bewusst zu erleben, als ein Epiphänomen betrachtete. Als etwas, das im Laufe der Evolution zufällig entstanden war, aber – wie der Wurmfortsatz des Blinddarms – keine wirkliche Funktion hatte. Ein verzichtbares Detail in einem mechanistischen Weltbild, das von toter Materie ausging und Leben und Bewusstsein als bizarre

Randerscheinungen betrachtete. Nun wusste er, wie falsch dieses Weltbild war. Materie war niemals tot. Der Kosmos war von Bewusstsein durchdrungen. Kein Geist war für sich allein. Alles war ein großer, einheitlicher Prozess des Bewusstseins. Die Materie war nur das ausführende Organ. Als er die Siedlung betrat, sah er, dass sich alle versammelt hatten und auf ihn warteten.

Drei Wochen später war er in die Gemeinschaft integriert, als hätte er schon immer hier gelebt. Er wurde in die Priesterkaste aufgenommen und durfte sein Haar ohne roten Lehm zu einem Knoten binden. Und mit den anderen ging er nun die Wege entlang und ließ tonnenschwere Felsbrocken neben sich schweben. Jetzt wusste er mit absoluter Sicherheit, dass Arthur Charles Clarks Umkehrung des Gesetzes galt: «Jede hinreichend fortgeschrittene Magie ist von Technik nicht zu unterscheiden.»

3. Die Höhlen der Götter

Er Er legte sich auf den Bauch und schlüpfte durch den engen Höhlengang in die nächste Höhle. Hier muss man ein bisschen arbeiten, damit auch die Kinder und die Alten durchpassen. Auf der anderen Seite sprang er den kleinen Abhang hinunter und knipste seine Taschenlampe an. Der winzige Lichtschimmer, der durch den Höhleneingang auf der anderen Seite des Berges fiel, war inzwischen zu dunkel geworden, um sich orientieren zu können. Er klopfte sich den Staub von der Hose und ging weiter. Er sah schon die Gesichter der anderen vor sich, wenn er ihnen erzählen würde, dass er tatsächlich den sagenumwobenen Durchgang zum Paradies gefunden hatte. Und es war wirklich ein Paradies. Das Tal auf der anderen Seite war fruchtbar, und jetzt war es schon voller Obstbäume und Beerensträucher. Noch nie in seinem Leben hatte er sich so satt gegessen wie in diesen zwei Stunden, in denen er das Tal erkundet hatte. Wenn sie es erst einmal urbar gemacht hätten, könnten sie alle satt werden. Obst, Gemüse, Getreide, alles würden sie in Hülle und Fülle haben. Und keiner der Alten würde mehr Selbstmord begehen, um nicht als unnützer Esser den Jungen das Leben schwer zu machen, wie es jetzt üblich war. Der Hunger auf den kargen Böden hatte ein Ende.

Ja, und auch die religiösen Fanatiker müssten einsehen, dass die Götter keine unnötigen Opfer verlangten, wenn sie solche paradiesischen Täler schufen, die den Menschen alles boten, was sie zum Leben brauchten. Er musste lachen, als er sich daran erinnerte, wie sie ihn davor gewarnt hatten, die Höhle der Götter zu betreten, als sie erfuhren, dass er den alten ketzerischen Mythen auf den Grund gehen wollte, die von einem ‚Tal des Überflusses' jenseits der Berge und einem ‚Weg durch das Höhlensystem zu dieser Oase des Glücks' sprachen.

«Die Götter werden nicht nur dich für diesen Frevel bestrafen», verkündeten sie dramatisch und brachten tatsächlich einige, die eben noch auf seiner Seite waren, zum Umdenken. Aber zum Glück war die Mehrheit dann doch dafür, dass er sich auf die Suche nach einer besseren Zukunft für alle machen durfte.

Er nahm den mittleren der drei Höhlengänge. Dort hatte er sein Zeichen hinterlassen. Das war der richtige Weg zurück. Aus der Ferne hörte er nun ein seltsames Geräusch. Ein Röcheln und Rasseln. Er war erfahren genug im Höhlenklettern, um zu wissen, dass es sich um einen Wassereinbruch handelte. Irgendwo in den Bergen musste es geregnet haben und das Sickerwasser füllte nun in Sturzbächen die Höhlen. Er musste sich beeilen. Es konnte gefährlich werden. Er beschleunigte seine Schritte.

Vor einigen Wochen hatte er in einem Bücherregal im Tempel ein Buch gefunden, in dem die Legende vom ‚Tal des Überflusses' erzählt wurde, und darin eine Abbildung entdeckt, die seine Aufmerksamkeit erregte. Es handelte sich um das Attribut der Wächter des Weges. Auf den ersten Blick sah es aus wie ein überdimensionaler Kochlöffel. Aber er erkannte es. Als Kind hatte er genau so einen Gegenstand in einem der Höhlensysteme gesehen. Damals hatte er geglaubt, einer der Erwachsenen habe ihn dort deponiert. Doch nun erschien der Fund in einem ganz anderen Licht. Er begann, die Legende für wahr zu halten. Natürlich hatten ihn viele für einen Spinner gehalten, als er anfing, in den alten Karten zu forschen. Vor allem die Priester hielten ihn sogar für gefährlich. Aber jetzt hatte er Recht. Was sollten sie noch tun, wenn er ihnen bewies, dass es dieses Paradies gab? Er würde sie alle aus ihrem trostlosen Tal herausführen.

Er kletterte einen kurzen Schornstein hinauf und dann durch einen horizontalen Gang. Der Rückweg verlief wie geplant. Aber die Geräusche wurden bedrohlicher. Das Rauschen der Sturzbäche auf dem nackten Fels war zu einem dumpfen Grollen geworden. Das deutete darauf hin, dass einige Gänge bereits mit Wasser gefüllt waren und so den Schall dämpften. Im Prinzip füllten sich die Schächte und Kavernen mit der Präzision eines Uhrwerks. Doch dieses Wissen half nur, wenn man genaue Pläne des Höhlensystems hatte, und die fehlten ihm. Er konnte nur hoffen, dass sein Weg noch frei war.

Er durchquerte noch zwei kleinere Höhlen und tauchte dann von oben in die große Höhle ein. Dort sah er im Schein seiner Taschenlampe die Katastrophe. Der nächste Gang, den er nehmen musste, um nach Hause zu kommen, war bis zur Decke unter Wasser. Er musste einen anderen Weg finden. Also kletterte er zurück und probierte auf gut Glück einen der unbekannten Gänge aus, die ungefähr in die Richtung abzweigten, in die er musste. Bald betrat er eine große Höhle, deren Boden von vielen senkrechten, wassergefüllten Röhren durchzogen war, als wieder ein dumpfes Grollen durch den Berg ging. Das Wasser zitterte in konzentrischen Kreisen in den Zisternen, Staub rieselte von der Decke und seine Zuversicht schwankte. Würde er das Höhlensystem wieder verlassen können? Er hatte keinen Plan und das Wasser stieg und stieg. Fast schien es, als wollte der Berg selbst verhindern, dass er seine frohe Botschaft nach Hause bringen konnte.

Schnell schob er seine Zweifel beiseite und schlüpfte in die nächste Tunnelgabelung. Der Berg war von Höhlen durchzogen, und er wusste, dass es in den Felswänden über den Dörfern viele Ausgänge gab. Er musste nur einen finden.

Nach mehreren Stunden im Höhlenlabyrinth hatte er die Orientierung verloren. Er stand bis zu den Hüften im Wasser, als die Batterie seiner Taschenlampe leer war. Verzweiflung und Erschöpfung überfielen ihn. Was hatte er sich nur dabei gedacht? Die Priester hatten recht. Es war pure Hybris, dass er geglaubt hatte, die Menschen in ein besseres Leben führen zu können. Das war seine Strafe. Die Götter mussten diesen Wetterumschwung geschickt haben. Hieß es nicht in der Prophezeiung, dass sich die Menschen im materiellen Paradies nicht mehr gegenseitig helfen und lieben würden? Dass nur die Not für ihre seelische Gesundheit sorgen würde und deshalb jeder den Tod finden würde, der versuchte, den Weg ins Paradies zu finden, um dann von seinen Mitmenschen mehr verehrt zu werden als die Götter selbst? Stand nicht genau das in den Tempelschriften? Er ließ die nutzlos gewordene Lampe fallen, schlug die Hände vors Gesicht und begann zu schluchzen: «Oh Götter, vergebt mir meinen Frevel. Ich hätte nie zweifeln dürfen.»

Als er die Hände wieder vom Gesicht nahm, hatten sich seine Augen an die Dunkelheit gewöhnt, und nun sah er in einem der Gänge diesen leichten Schimmer, der vorher von der Taschenlampe überstrahlt worden sein musste. Er fasste wieder Mut. Das könnte seine Rettung sein. Er folgte dem Licht und tatsächlich, mit jeder Biegung wurde es heller. Endlich sah er den Ausgang. Und jetzt hörte er auch das Prasseln des Regens auf die nackten Felswände. Das Gewitter, das ihm fast zum Verhängnis geworden wäre, war noch nicht vorüber. Aber das war ihm egal. Glücklich hob er sein Gesicht zum Himmel, als er endlich im Freien war, trank das frische Regenwasser, das ihm in den Mund rann, und lachte, wie er noch nie in seinem Leben gelacht hatte.

Gestärkt und euphorisch machte er sich schließlich an den Abstieg ins Tal, und als er nach zwei Stunden den ersten Blumentopf am Wegesrand sah, wusste er, dass er wieder zu Hause war. Es war ihm, als hätten ihn Engelsflügel nach Hause getragen. Seine Rückkehr verbreitete sich wie ein Lauffeuer im ganzen Dorf, und als er auf den Marktplatz kam, waren schon alle versammelt und starrten ihn mit erwartungsvollen Augen an. Er betrachtete einen nach dem anderen. Jeder ein vollkommenes Geschöpf der Götter, jeder dem anderen in tiefer Verbundenheit ergeben. Er war glücklich, wieder in dieser Gemeinschaft zu sein. Not war nichts Schlechtes, sie schweißt zusammen. So trat er vor, erhob seine Stimme und rief: «Ich habe mich geirrt. Es gibt keinen Weg über den Berg ins Paradies. Hier ist der richtige Ort für uns, so wie ihn die Götter vor Jahrhunderten für uns bestimmt haben.»

4. Das Ende der Expedition

Da war wieder dieser beißende Geruch in seiner Nase. Er drängte sich als Erstes in sein Bewusstsein, als er aus seinem unruhigen Schlaf erwachte. Er öffnete die Augen und wurde sofort von dem allgegenwärtigen weißen Dunstschleier geblendet, der seit Wochen über allem lag und das Licht der Morgensonne so zerstreute, dass es aus allen Richtungen zu kommen schien. Nur die vereinzelt wachsenden Schilfhalme schnitten als scharfe Silhouetten schwarze Streifen in das erste Bild des Tages.

Er richtete sich auf und spuckte den Schlamm aus, der ihm in den Mund gelaufen war. Die Kleider klebten ihm nass an der Haut, die Haare in der Stirn, und noch ehe er sich aufrichten konnte, schoss die Erinnerung in heißen Wellen in ihm hoch. Gleichzeitig begann sich sein Instinkt zu rationalisieren und zu immunisieren: «Gnadenstoß», schoss es ihm durch den Kopf. Aber das erschreckte ihn noch mehr. Nein, «Euthanasie» hatte er gemeint, und: «Es war zu ihrem Besten». Jeden Euphemismus, der ihm als Synonym für «Töten» in den Sinn gekommen war, hatte er in den letzten Tagen im Geiste so lange durchgekaut, bis er schal und unwirksam geworden war und er ihn fallen lassen musste.

Er wusste, dass es Mord war, Mord aus niederen Beweggründen. Sein Magen knurrte. Eine willkommene Ablenkung, auf die er sich zu konzentrieren versuchte. Er musste sich um sein Überleben kümmern, nicht um irrationale Schuldgefühle. Aber der schwere Stein in seiner Brust verschwand nicht. Er sah sich um. Überall Schilf. Jede Menge Strohhalme, an die er sich hätte klammern können, aber keiner half ihm, seinen Fehler ungeschehen zu machen. Das Absurde war, dass er diese Schuld auf sich geladen hatte, nur um am Ende sein eigenes Leiden zu verlängern.

Niemand würde ihn finden. Niemand würde hier nach ihm suchen. Er hätte sie genauso gut am Leben lassen können. Dann hätten Proviant und Wasser statt vier Tagen für ihn nur zwei Tage für sie beide gereicht, und er hätte es schon hinter sich, zusammen mit ihr, ohne sein Karma zu belasten.

Dabei hatte alles so gut begonnen. Ein spannendes Abenteuer schien vor ihnen zu liegen, als sie vor fünf Wochen aus dem Schiff gestiegen waren, um im Auftrag ihres Medienkonzerns endlich das unbekannte Land zu kartografieren und für ein Magazin ausführlich darüber zu berichten. Neue Siedlungsgebiete, neue Rohstoffe, neue Tier- und Pflanzenarten. All das wartete auf sie. Und natürlich der Ruhm, der immer mit der ersten Expedition in ein neues Land verbunden war.

Doch dann verschwand einer nach dem anderen. Scheinbar ohne Grund. Und vor allem spurlos. Am Ende waren nur noch sie beide übrig. Verzweifelt, abgemagert und verlassen waren sie durch den endlosen Sumpf gestolpert. Mit jedem Riss in ihrer Kleidung, mit jeder Wunde auf ihrer Haut hatte sich die Zivilisation mehr und mehr von ihnen entfernt. Gekleidet wie Lumpensammler, hatten sie mit zunehmender Anstrengung schließlich jedes Mitgefühl füreinander verloren. Er jedenfalls hatte keins mehr für sie. Was sie fühlte, war jenseits seiner Vorstellungskraft.

Das eigene Überleben stand für ihn an erster Stelle, und sein Bedürfnis nach Wasser und Nahrung erschien ihm schließlich als vermeidbare Schikane. Der blinde Aktionismus, der sie in diesem weglosen Gelände aus abgestorbenen Bäumen, bodenlosem Sumpf und scharfkantigem Schilf in der Hoffnung, den Weg zurück zum Schiff zu finden, über Hindernisse rennen ließ, war anstrengend genug. Der permanente Nebel erzeugte einen zusammenhanglosen Raum, der trotz gleißender Helligkeit keine Orientierung am Sonnenstand zuließ und sie absichtlich und gezielt in die Irre zu führen schien. Bei jedem Schritt hätte der Strand mit dem Schiff vor ihren Augen auftauchen oder sich mit jedem Schritt weiter entfernen können. Vielleicht war er nur wenige Meter entfernt, vielleicht aber auch Hunderte von Kilometern. Bäume, Farne, Schilf, alles tauchte aus dem Nichts auf, zog an ihnen vorbei und verschwand wieder im Nichts, während sie mechanisch Fuß vor Fuß setzten. Immer wieder tauchten die Umrisse des Schiffes aus dem Nebel auf, um sich beim Näherkommen wieder in Baumkronen, Dornenbüsche und Schilfgürtel aufzulösen.

Es war ein ständiger Wechsel zwischen Hoffnung und Enttäuschung. Eine Spannung, die es ihm immer schwerer machte, ihre Gegenwart zu ertragen. Aber war es nicht ihre Schuld? Hatte sie nicht immer wieder Richtungen vorgeschlagen, die sie schließlich eingeschlagen hatten? Falsche Richtungen, wie sich jedes Mal herausstellte. Eigentlich hatte sie ihn gezwungen, sie loszuwerden, aus reinem Überlebensinstinkt.

«Es war Mord», meldete sich der Teil seiner Persönlichkeit, den er seit Tagen vergeblich zu unterdrücken versuchte. Er musste endlich raus aus dieser Gedankenspirale. Und aus diesem Sumpf!

Mühsam richtete er sich auf, um einen neuen Tag – wie viele waren es? – dieser ewigen Trostlosigkeit hinzuzufügen. Er sah sich um. Obwohl er wusste, dass auch hier Frühling war, schien alles Leben im Winterschlaf zu liegen. Alles um ihn herum wirkte wie die tote Kulisse eines traurigen Theaterstücks. Nichts war lebendig. Alles nur bemaltes Pappmaché. War das seine Strafe? War das die Hölle? Musste er jetzt für immer und ewig hungernd durch diese alles durchdringende Nässe stolpern, am Rande der Verzweiflung? Immer kurz davor aufzugeben?

Früher habe er an Seelenwanderung geglaubt. Aber offenbar gab es noch eine andere Form von Karma. Eine subtilere Form der Sühne. Er erlebte sie gerade. Hier und jetzt.

Er schwankte ein wenig und suchte Halt auf dem glitschigen Boden. Welchen Weg war er gestern gekommen? In jeder Richtung sah es gleich aus, und von überall her kam diese gleißende Helligkeit, als stünde er auf einer Bühne im vollen Scheinwerferlicht, um von allen Seiten gut gesehen zu werden, ohne selbst etwas – oder jemanden – zu sehen. Und in jeder Richtung, so glaubte er, knapp hinter der Sichtgrenze des Nebels, standen all die Menschen, denen er Schlimmes angetan hatte, und sahen ihm in seinem Leid zu. Ein interessiertes Publikum für das Schauspiel, das er hier unfreiwillig aufführte. Wohin er sich auch wandte: Von hinten verfolgten sie ihn, von vorne wichen sie vor ihm zurück. Aber sie ließen ihn nicht aus den Augen. Er war das Zentrum ihrer Aufmerksamkeit. Er glaubte, sie lachen zu hören, während ihm vor Hunger übel wurde.

Bei dem Versuch, sich in Bewegung zu setzen, stolperte er und fiel wieder hin. Kurz konnte er sich mit den Händen abfangen, dann rutschten sie ihm weg und er schlug mit dem Gesicht auf dem Boden auf. Der penetrante, beißende Geruch des Moores drang wieder stärker in seine Nase, und sein Mund füllte sich mit Schlamm. Ihm schwanden die Sinne.

Während sein Verstand sich in Spiralen um seinen Kopf zu drehen schien, übernahmen seine Instinkte die Kontrolle. Es roch gar nicht so schlecht. Es roch nach Apfelmus. Unwillkürlich begann er zu schlucken und sein Magen füllte sich mit Moorerde. Wohlige Wärme breitete sich in seinem Bauch aus und verdrängte den Hunger. Fernab jeglicher Realität bereute er die Zeit, die er damit verbracht hatte, durch den Sumpf zu stolpern. Wozu? Er hätte sich gleich hinlegen und mit dem Moor eins werden können. Seine Zeitung kam auch ohne ihn aus. Und eine

Schlagzeile, dass seine Expedition verschollen sei, würde auch die Verkaufszahlen steigern.

Ein paar Mal bewegte er noch die Beine, als würde er durch das Nichts wandern, dann versagten auch seine Instinkte. Als er schließlich lange genug regungslos dagelegen hatte, erwachte die Natur um ihn herum wieder zum Leben. Als erstes wagte es ein Reiher, ebenso stolz wie vorsichtig, auf der Suche nach Nahrung und ohne ihn eines Blickes zu würdigen, über ihn hinweg zu schreiten.

Während er langsam mit dem Schlamm verschmolz.

5. Ein Bolzmanngehirn

Als er wieder zu sich kam, hing er kopfüber im Sicherheitsgurt. Er lebte! Immerhin. Die Luke musste sich geöffnet haben, denn Licht fiel in die Rettungskapsel. Er versuchte, den Verschluss zu erreichen, aber die Handschuhe waren nicht für so filigrane Arbeiten gemacht. Also zog er sie sich mit einiger Mühe von den Händen und ließ sie fallen. Dann versuchte er es noch einmal. Der Mechanismus war ein kleiner Griff, der in Form und Größe einem Lesebrillenbügel ähnelte. Und zwar der einer Universalbrille. Die also nicht hinter den Ohren nach unten gebogen waren, sondern gerade zum Hinterkopf zeigten und – wenn man den Kopf nach unten neigte – immer Gefahr liefen, vom Kopf zu rutschen, was sie wiederum nicht universell machte, denn sie mussten schmal genug sein, um durch seitlichen Druck am Kopf gehalten zu werden. In Kaufhäusern fand man diese Brillen häufig in den Regalen ... Mit einem leisen Klicken öffnete sich der Riemen und er rutschte ruckartig ein Stück nach unten. Jetzt hing er mit dem Oberkörper halb aus der Luke. Aber irgendwo hatte er sich wieder verhakt.

«Oh mein Gott», dachte er. Was war das für ein Unsinn mit der Lesebrille? War das schon die Wirkung der T-Stunde? Das «T» stand für «Two», also «Zwei», weil die Suchmannschaften tatsächlich noch zwei Stunden Zeit hatten, ihn zu finden, bevor seine Überlebenschancen rapide gegen Null sanken. Immer diese Wahrscheinlichkeiten. Schon während seiner Ausbildung zum Testpiloten hatte man ihn auf der Akademie gewarnt, dass in diesen T-Stunden das Hirn verrückt spielt, wenn man nichts tun kann außer warten. «Und Tee trinken», wollte er fast hinzufügen. Jetzt hing er hier und fühlte sich wie eine Qualle, die an Land gespült wurde. Gerade so weit unter Wasser, dass sie nicht vertrocknete, und doch so weit an Land, dass sie sich aus eigener Kraft nicht mehr ins offene Meer retten konnte. Eben noch hatte er die Leichtigkeit der Schwerelosigkeit gespürt, nun war er auf Gedeih und Verderb der Schwerkraft und den Kräften der Natur ausgesetzt. Und der Wahrscheinlichkeit. Der Wahrscheinlichkeit, dass sie ihn finden würden, der Wahrscheinlichkeit, dass er sterben würde, der Wahrscheinlichkeit, dass ihn ein wildes Tier vor dem Suchtrupp finden würde. Früher hatte er darüber gelacht, dass die sowjetischen Kosmonauten immer eine Pistole mit ins All nahmen, damit sie sich nach der Landung gegen Bären und Pumas verteidigen konnten, bis sie von den Bodentruppen gefunden wurden. Jetzt wünschte er sich, auch so eine Waffe zu haben.

Aber was sind schon Wahrscheinlichkeiten? Vor zehn Minuten hatte er seinen Testflug absolviert: Ein neues Flugzeug, das bis zu zweihundert Passagiere in einer knappen Stunde von London nach Los Angeles bringen konnte. In hundert Kilometern Höhe und mit Mach 10. Und dann geschah das Unwahrscheinliche: Ein Meteorit! «Wahrscheinlichkeiten», murmelte er verächtlich, «pah!» Er versuchte, sich hochzuziehen, um zu sehen, was ihn daran hinderte, die Kapsel ganz zu verlassen. Er hatte es kommen sehen. Ein leuchtender Ball war schräg von vorne auf ihn zugerast und hatte dann den rechten Flügel und die Triebwerke am Heck zerfetzt. Es musste ein Meteorit gewesen sein. Wie hoch war die

Wahrscheinlichkeit? Sie tendierte gegen Null. Und doch hatte es ihn getroffen. Er musste an Ludwig Bolzmann denken, den österreichischen Physiker und Philosophen, und an dessen Theorie, dass in einem unendlichen und ewigen Kosmos alles geschieht, dessen Wahrscheinlichkeit nicht absolut gleich Null ist. Dies führte zu der absurden Hypothese des nach ihm benannten «Bolzmannschen Gehirns». Die Theorie ging so: Im Quantenvakuum kann Materie kurzfristig aus dem Nichts entstehen, wenn sie sofort wieder verschwindet. So können Moleküle aus dem Nichts entstehen. Auch Zellen oder ganze Organismen könnten – für einen kurzen Moment – entstehen. Die Wahrscheinlichkeit dafür ist sehr gering, aber nicht Null. Und so könnte auch ein Gehirn aus dem Nichts entstehen, in dessen Innerem ein Ich-Bewusstsein aufblitzt, das sich an ein gelebtes Leben erinnert, an eine Vergangenheit, die es nie gegeben hat, und das Pläne schmiedet für eine Zukunft, die es nie geben wird. Nur für einen kurzen Augenblick, wenn das Ich sich seiner selbst bewusst wäre, würde es sich in der Mitte eines langen Lebens wähnen und sofort wieder verschwinden. In einem ewigen und unendlichen Universum müsste es sogar unendlich viele dieser unwahrscheinlichen Gehirne geben. Erinnerungen an unendlich viele Leben mit Plänen für unendlich viele Zukünfte und dazwischen ein kurzes Aufblitzen einer gegenwärtigen Wahrnehmung, einer geträumten Wirklichkeit. Unendlich viele Ichs im ewigen Jetzt.

JETZT

JETZT

JETZT

Waren wir nicht alle Bolzmannsgehirne? Selbst wenn die Vergangenheit, an die wir uns erinnern, real war. Waren wir wirklich mehr als ein kurzes Aufblitzen? «Autsch!» Mit schmerzverzerrtem Gesicht sank er wieder zu Boden. Es fühlte sich an, als würde etwas in seiner Lunge stecken. Vorsichtig hob er den Kopf. Nein, soweit er sehen konnte, war der Druckanzug heil geblieben. Vielleicht hatte er einen Muskelriss an der Seite. Er muss beim Absturz ganz schön durchgeschüttelt worden sein. Er wünschte, er hätte die Dose mit den Notfallmedikamenten erreichen können, um wenigstens die Symptome behandeln zu können.

Aber das war nicht möglich. Sein Fuß steckte noch irgendwo fest. Schweiß rann ihm in die Augen, brannte wie die Hölle und nahm ihm die Sicht. Er brauchte ein Werkzeug, um sich zu befreien. Blind tastete er den Boden unter sich ab und spürte schließlich etwas Raues, Rundes unter seinen Fingern. Ein abgebrochener Ast. Das könnte vielleicht nützlich sein. Also griff er nach dem Holzstück und steckte es durch die Luke ins Innere der Kapsel. Nach einigem ziellosen Herumfummeln hatte er die richtige Stelle für den Hebel gefunden und drückte ihn. Sein Fuß löste sich und er rutschte ganz aus der Kapsel. Erleichtert stellte er fest, dass sein Bein nicht, wie befürchtet, flach und breit wie ein Tennisschläger war.

«Alles gut, alles gut! Was kommt als Nächstes?» Er rollte sich seitlich aus der Kapsel, als er plötzlich ein lautes Krachen hörte. Er richtete sich auf und blickte nach oben. Ein Hubschrauber schwebte über den lichten Baumwipfeln direkt über ihm. Dann kreiste er ein-, zweimal genau über der Kapsel und flog davon. Oh Gott, sie hatten ihn gefunden. Die leuchtend roten Bremsfallschirme der Rettungskapsel waren von dort oben nicht zu übersehen gewesen. «Wahrscheinlichkeiten, pah.» Jetzt konnte es nicht mehr lange dauern, bis die Suchmannschaften auch hier waren, um ihn zu bergen.

Erleichtert lehnte er sich mit dem Oberkörper gegen die Kapsel und spürte, wie die Anspannung von ihm abfiel. Vorsichtig griff er mit den Fingern in die Erde neben sich und hob ein Stückchen auf. Sie roch würzig und leicht modrig. Der Wind blies ihm sanft durchs Haar, er hörte Vögel zwitschern und Frösche quaken. Zum ersten Mal sah er sich um.

Er war in einer Flussaue gelandet. Irgendwo in der Wildnis Kanadas. Die Kapsel lag an einem sanft abfallenden Hang zu einem alten Flussarm, umgeben von Schilf und Gras. Das steilere Ufer auf der anderen Seite war durchlöchert wie Emmentaler Käse von den Bruthöhlen des Eisvogels. Und zwischen den hohen Weiden sah er Schneeglöckchen, auf den Wiesen Krokusse, und gleich neben ihm drängte das Leben hellgrün in Form einer Hyazinthenknospe ans Licht. Er sog die Luft ein und lachte. Kein Zweifel, er würde leben, und um ihn herum wurde es unaufhaltsam Frühling.

JETZT

Jetzt...

Jetzt ...

Jetzt

6. Sie sind unter uns

Das Display erlosch. Gedankenverloren steckte Stefan das Handy weg. Jetzt wollte David ihn also treffen. Dabei kannte er David erst seit kurzem. Eigentlich kannte er ihn gar nicht. Es war nur ein Facebook-Account in seiner Freundesliste mit irgendeinem Foto als Profilbild, das genauso gut ein Fake sein konnte. Ja, in den letzten Wochen, seit David ihm die Freundschaftsanfrage geschickt hatte, hatten sie viel Spaß im Netz. Sie mochten die gleiche Musik, hatten einen ähnlichen Sinn für Humor und interessierten sich beide für Science-Fiction. Es hatten sich sehr anregende und philosophisch interessante Gespräche entwickelt, aber war das ein Grund, sich auch im wirklichen Leben zu treffen?

Stefan wusste selbst, dass er eine Art Sozialphobiker war. Andere hatten kein Problem damit, sich auch mal außerhalb des «Cyberspace» zu treffen. Selbst seine Frau ermunterte ihn immer wieder, nicht so zurückgezogen zu leben:

«Andere Männer gehen mit ihren Kumpels etwas trinken. Wenn du nicht arbeitest und wir nichts zusammen unternehmen, sitzt du nur zu Hause und liest», sagte sie oft. Und Stefan antwortete fast rituell: «Andere Frauen wären froh, wenn ihre Männer öfter zu Hause wären. Aber er wusste natürlich, dass sie recht hatte. Deshalb hatte er jetzt auch zugesagt. Es würde sicher interessant werden, diesen David einmal persönlich zu treffen.

Also schnappte er sich Schlüssel und Portemonnaie und machte sich auf den Weg. «In einer halben Stunde am Seehaus im Englischen Garten», hatte David vorgeschlagen, weil er ihm etwas zeigen wollte, das mit ihrem Hauptgesprächspunkt zu tun hatte. Mehr wollte er nicht verraten. Es konnte nur um ihre unterschiedlichen Vorstellungen gehen, wie ein Erstkontakt mit Außerirdischen ablaufen würde.

Als Stefan die Haustür öffnete, schlug ihm eine Wand aus heißer Luft entgegen. Seit Wochen lag eine Hitzewelle über der Stadt. Auswirkungen des Klimawandels? Aber man durfte Wetter nicht mit Klima verwechseln. Gott sei Dank war seine Wohnung so gelegen, dass sie kühl blieb. Aber wenn man das Haus verlassen musste, war die Überraschung umso größer, wie heiß es draußen war. Er versuchte, so gut es ging, im Schatten zu bleiben. Die Straßen waren wie ausgestorben. Niemand, der nicht musste, ging freiwillig aus dem Haus. Er hätte David einladen können, aber das wäre ihm zu viel soziale Nähe gewesen. Schließlich kannte er ihn nicht. Nein, der Englische Garten war in Ordnung. Irgendwie war er schon ein komischer Typ. Denn während Stefan befürchtete, dass ein Erstkontakt mit einer technologisch überlegenen Rasse nur in einer Katastrophe für die Menschheit enden könne, war David so etwas wie ein Science-Fiction-Esoteriker, der sich vorstellte, dass eine überlegene Rasse auch psychologisch und spirituell weiter entwickelt sein müsse als wir. Ehrlich gesagt, würde man jemanden, der glaubt, dass Außerirdische in irgendeiner Weise religiös sind, nicht in seine Wohnung lassen.

Stefan kam zum Seehaus und erkannte David schon von weitem. Nicht nur, weil außer ihm kaum jemand im Biergarten saß, sondern auch, weil er eindeutig die Person auf dem Facebook-Profilbild war. Also zumindest kein Fake-Account. Er trug sogar dieselbe Baseballkappe. Mit einem Glas Cola vor sich saß er da und beobachtete die Schwäne auf dem See. Selbst die schienen den Schatten der Bäume nicht verlassen zu wollen. Als Stefan näher kam, entdeckte David ihn und lächelte ihn an. Die Begrüßung war herzlich. Der Kellner nahm die Bestellung für eine zweite Cola entgegen und nach einem kurzen Smalltalk, der Stefan erwartungsgemäß nicht leicht fiel, waren sie auch schon wieder in ihr Thema vertieft.

«Deine Vorstellungen sind zu sehr von Romanen geprägt. Aber die meisten sind doch nur Cowboygeschichten, die in den Weltraum verlegt wurden», sagte David. «Keine technische Rasse kann ihren Heimatplaneten auf Dauer verlassen, ohne dass sich die Psyche ihrer Individuen zu einem friedlichen Kollektiv entwickelt. Sie würden sich gegenseitig so bekämpfen, dass die für die interstellare Raumfahrt notwendige Infrastruktur dauerhaft zerstört würde.»

Stefan entgegnete: «Aber jede Infrastruktur ist auf Ressourcen angewiesen, um die es immer Konflikte geben wird. Das wird sich auch im Weltraum nicht ändern.»

«Diese Konflikte müssen durch Verhandlungen gelöst werden. Militärische Auseinandersetzungen sind im Weltraum viel zu teuer.»

«Aber Geld hat nie eine Rolle gespielt. Ganz im Gegenteil. Es gibt immer jemanden, der daran verdient und deshalb ein Interesse an solchen Konflikten hat.»

«Mit ‚teuer' meine ich nicht unbedingt Geld. Es ist wie bei rivalisierenden Raubtieren. Obwohl oder vielleicht gerade weil sie über scharfe Waffen verfügen, begnügen sie sich in den meisten Fällen mit Drohgebärden. Ein richtiger Kampf wäre zu kostspielig, das Risiko einer tödlichen Verletzung zu groß.»

«Das mag für die Entscheidung einzelner Individuen gelten, nicht aber für Konflikte zwischen Kollektiven. Da ist der Tod einzelner Individuen wie ein Kratzer auf der Haut. Schau dir Ameisenstaaten an. Der Tod der Soldaten ist für den Staat als Ganzes kaum von Bedeutung.»

David schwieg einen Moment. Dann richtete er sich auf und sagte: «Okay, so kommen wir nicht wirklich weiter. Lass es mich anders versuchen.» Er schaute sich kurz um, deutete dann auf den See und sagte: «Siehst du die ältere Dame da vorne mit ihrem Rauhaardackel?» Stefan blickte sich um und sah eine Frau mit einem großen Strohhut, in einem weißen Sommerkleid, das an einigen Stellen auf ihrer Haut klebte, in der einen Hand die Hundeleine, an der ein Dackel schnüffelnd am Boden zerrte, in der anderen einen Hundekotbeutel, bereit, das Häufchen ihres

Lieblings zu entfernen, sobald er sich entschieden hatte, es irgendwo zu platzieren.

«Ja», sagte er, «was ist mit ihr?» David beugte sich vor, als wolle er ihm ein Geheimnis anvertrauen: «Hast du dich schon einmal gefragt, warum du die Welt nur mit deinen eigenen Augen sehen kannst und nicht zum Beispiel auch mit den Augen dieser Frau?»

Stefan lehnte sich instinktiv zurück, um den Abstand zu David wieder zu vergrößern. «Was ist denn das für eine Frage?», entgegnete er verwirrt. Doch dann fiel ihm eine Situation ein, die weit in seine Kindheit zurückreichte. Er musste noch ganz klein gewesen sein. Damals hatte er sich diese Frage tatsächlich gestellt. «Als Kind ...», begann er. «Ha!», unterbrach ihn David. «Genau! Als Kinder haben wir uns alle diese Frage gestellt. Manche erinnern sich, andere nicht. Wenn das Ich-Bewusstsein erwacht, wird uns wie ein Schock bewusst, dass wir nur eine Perspektive auf die Welt haben. Dann wird die Frage wieder unwichtig. Nicht weil sie beantwortet ist, sondern weil wir uns an den Zustand gewöhnen und die Frage nicht mehr stellen. Erst später, wenn das Ich gereift ist, taucht sie wieder auf.»

Er schwieg einen Moment, aber Stefan spürte, dass er noch nicht am Ende war und wartete gespannt auf die Pointe. «Eine außerirdische Gesellschaft, die sich von der Oberfläche ihres Planeten erheben kann, muss dieses Problem gelöst haben.»

Stefan entspannte sich und verdrehte enttäuscht die Augen. «Das ist doch Blödsinn.» Doch David ließ sich nicht beirren: «Nein, lass mich ausreden», sagte er. «Ich weiß es, weil sie hier sind. Ich habe Kontakt zu ihnen. Sie sind unter uns.»

Stefan bekam vor Wut große Augen: «Willst du mich verarschen? Hältst du mich wirklich für so blöd?» Er war schon halb aufgestanden und wäre sofort gegangen, wenn er nicht noch seine Cola hätte bezahlen müssen. «Bleib sitzen und lass es mich erklären», bat David versöhnlich, «ich weiß, wie verrückt das klingt.» Stefan setzte sich wieder, ohne jedoch seine innere Abwehrhaltung aufzugeben. «Glaub mir, Stefan, wenn mir das jemand vor einem Monat gesagt hätte, hätte ich ihn auch für verrückt erklärt. Lass mich dir erzählen, was in der Zwischenzeit passiert ist.» «Okay», Stefan grinste David spöttisch an. Er glaubte jetzt genau zu wissen, was passiert war. «Ich bin schon sehr gespannt auf deine Science-Fiction Geschichte. Willst du sie an mir ausprobieren, ob sie glaubwürdig klingt?» «Von mir aus. Sagen wir, es ist eine erfundene Geschichte, Hauptsache, du hörst sie dir an.»

Er nahm einen kleinen Schluck von seiner Cola und begann zu erzählen: «Vor ein paar Wochen bekam ich auf Facebook eine Freundschaftsanfrage von jemandem, der sich Xeno nannte. Ich habe mir sein Profil angeschaut, fand ihn sympathisch und habe zugesagt. Als dann die Mondfinsternis kam, haben wir uns darüber ausgetauscht und er meinte, dass das Ereignis vom Mond aus gesehen viel spektakulärer ist, weil es dort wie eine Sonnenfinsternis aussieht. Ich fand das lustig und scherzte, dass es von dort oben bestimmt toll aussehen würde. Irgendwann meinte er, dass er das schon öfter gesehen hätte, weil er ein Außerirdischer sei und regelmäßig zum Mond fliege. Ich lachte und scherzte weiter. Aber dann kam ein Foto mit der Aufschrift: ‚Die Erde vom Blutmond aus gesehen'. Darauf war die Mondoberfläche zu sehen und am Horizont ein roter Ring im schwarzen Weltall. Es war eindeutig die Erde mit der Sonne dahinter.»

«Also bis jetzt klingt es noch nicht sehr glaubwürdig», unterbrach ihn Stefan. «Und wenn sie da sind, warum retten sie uns nicht vor uns selbst? Warum greifen sie nicht ein, wenn wir uns selbst umbringen? Sei es durch nukleare Vernichtung oder durch Klimawandel und Artensterben. Dafür muss man sich schon eine gute Ausrede einfallen lassen».

«Das dürfen sie nicht.»

«Ach, wegen der Nichteinmischungs-Direktive? Das ist aus Star Treck, da würde ich mir an deiner Stelle was anderes ausdenken. Die haben bestimmt das Copyright darauf.»

«Nein, nicht wegen so einem UN-Abkommen, sondern wegen unserer Entwicklung. Wir müssen genau diese globalen Probleme selbst lösen. Nur so können wir unser Bewusstsein über dieses ethnozentrische Stadium hinaus zu einer globalen Union entwickeln. Jeder von uns muss begreifen lernen, dass ein gegeneinander keinen Sinn ergibt, sondern dass nur ein Miteinander unser

Überleben garantiert. Erst dann sind wir reif genug, um im Weltraum auf andere Zivilisationen zu treffen. «

«Okay, okay, ich verstehe, es geht wieder um deine religiösen Aliens. Also gut. Erzähl weiter, jetzt, wo du angefangen hast, will ich auch wissen, wie es ausgeht. Also, du hast dieses Foto von der Erde während der Mondfinsternis bekommen. Was ist dann passiert?»

«Ich war mir natürlich sofort sicher, dass es sich um eine Computergrafik handeln musste. Aber ein paar Tage später rief er mich an und sagte, er müsse mir etwas zeigen, weil er meinte, ich sei bereit ...».

«Ach», entfuhr es Stefan, «so, wie du mich angerufen hast, weil du mir etwas zeigen wolltest?»

«Ja», sagte David jetzt ganz leise, «genau so, wie ich dich heute angerufen habe.»

Er machte eine Pause und fuhr fort: «Also traf ich ihn und er zeigte mir das hier.» Er griff in seine Tasche und zog etwas heraus. «Nein, das ist kein MP3-Player», sagte er gleichzeitig, als hätte er Stefans Gedanken gelesen. Aber das war nicht schwer, denn das Ding, das er in der Hand hielt, war eindeutig ein MP3-Player. «Es sieht nur so aus, damit wir damit in der Öffentlichkeit nicht auffallen.»

«Ah, das ist eine originelle Idee», entgegnete Stefan amüsiert.

David ließ sich nicht beirren. «Das ist in Wirklichkeit eine Mindmachine und ich möchte, dass du sie ausprobierst.»

Stefan überlegte. Wenigstens kam er nicht mit irgendwelchen bewusstseinsverändernden Drogen. Er hatte selbst schon einige Erfahrungen mit Mindmachines gemacht. Sie blitzen dir in die Augen und blasen dir sinnlose Geräusche ins Ohr, um deine Gehirnaktivität in eine bestimmte Richtung zu lenken. Tatsächlich wirkt es entspannend. Aber das tut Rosarauschen auch. Die Dinger sind harmlos. Warum also nicht mitspielen?

Stefan begann das Spiel zu mögen. Ist es nicht das, was Männer tun? Sie spielen Fußball, treffen sich im Wald zu Ritterspielen oder hängen gemeinsam vor der Playstation ab. Das ist die evolutionäre Entwicklung des Menschen: Nach dem Homo sapiens, dem weisen Menschen, folgt nun der Homo ludens, der spielende Mensch. Warum auch nicht? Auf der Titanic soll die Band auch bis zum Untergang gespielt haben. Warum also nicht hier Science-fiction spielen? «Okay», sagte er, «was soll ich machen?» David half ihm, den MP3-Player – eigentlich die Mindmaschine der Außerirdischen – um den Hals zu legen, und nachdem er sich die Kopfhörer in die Ohren gesteckt hatte, drückte David einen Knopf und ...

... Hitze ... Sonne ... Himmel ... See ... weiß ... Schwan ... das Schwanengefieder sog ihn auf ... Federn überall ... der Duft ganzer Lavendelfelder verströmt von einer Schwanenhaut ... Stefan verschwindet ... verschwant ... als blinder Maulwurf im Gefieder des Wahrnehmungsstroms gefangen ... alles glashell / transparent zerbrechliche Einheit ... grenzenloses, geometrisches Nichts und Alles ... kein Unterschied mehr ... ich im All – das All

in mir ... riesig-winzig ... ein Strom aus leuchtenden Zellen und grellbunten Galaxien sich in rotierenden, fraktalen Zeitlinien verlierend, die sich in sich selbst einfalten ... vom Auge aufgesaugt ... Identitäten gebärend und Identitäten verschlingend ... das eine Auge in allem ... rasende Stille ...

Als Stefan nach gefühlten tausend Jahren wieder zu sich kam, saß David lächelnd vor ihm und nippte an seiner Cola. «Und?», sagte er.

Doch die Frage war nicht ernst gemeint.

Er wusste es!

So wie Stefan es jetzt auch wusste.

Er schaute in Davids Augen und sah sich selbst in diesen Augen. Er war David, David war er. Obwohl sich objektiv nichts verändert hatte, hatte sich alles verändert.

«Dieses Gerät», begann David zögernd zu erklären, «erzeugt eine künstliche Schläfenlappenepilepsie. Von innen fühlt es sich an wie eine Entgrenzung des Ichs.»

Stefan reagierte nicht.

«Es erzeugt ein Gefühl der Identität mit allem, in dem alle Grenzen zwischen dir und der Welt verschwinden», fuhr David fort. «Außerdem regt es die Hypophyse zur Ausschüttung von Serotonin und die Zirbeldrüse zur Ausschüttung von Dimethyltryptamin an, das auch bei Nahtoderfahrungen das Gehirn überschwemmt. Wer diese Beschreibung nur hört und es nicht selbst erlebt hat, denkt an hirnchemisch induzierte Halluzinationen. Deshalb muss man es selbst erleben. Dieses Gefühl des Einsseins mit der Welt, das bleibt übrigens. Auf diese Weise helfen uns die Außerirdischen, uns selbst zu helfen. Indem sie uns helfen, uns selbst im Kosmos und den Kosmos in uns zu entdecken. Mit diesem Gerät geben sie uns einen magischen Spiegel, der uns in allem den Zeugen in uns erkennen lässt, das Bewusstsein, das seit unserer Kindheit nur durch unsere eigenen Augen sehen kann. So sehen wir, dass wir alles, was wir der Welt antun, im Grunde nur uns selbst antun.» David hielt inne und beugte sich besorgt vor: «Geht es dir gut?»

Stefan konnte immer noch nichts sagen. Es hatte ihm buchstäblich die Sprache verschlagen und er spürte, wie er am ganzen Körper zitterte. «Warte, ich habe etwas für dich.» David griff in seine Tasche und holte einen in Papier eingewickelten Mohnkuchen hervor. «Dieser Zustand ist sehr anstrengend. Du brauchst ein paar Kalorien», sagte er und brach ein Stück des Kuchens ab, um es Stefan zu reichen. Dieser griff wortlos zu, steckte das Stück in den Mund und begann zu kauen.

«Du musst das alles erst einmal einordnen», fuhr David in seinem Monolog fort. «Es ist so überraschend, wenn man merkt, dass unser vermeintlich objektives Weltbild das Produkt einer ganz subjektiven Perspektive ist. Nicht nur die räumliche Perspektive, dass du die Welt mit deinen Augen siehst und nicht mit den Augen der Dame mit dem Rauhaardackel. Es geht auch um die moralische Sicht der Dinge. Andere Menschen, andere Kultu-

ren, eine andere Welt. Im alten Ägypten gab es einen Schöpfungsmythos, wo der Gott masturbierte, den Samen in seine Hand ejakulierte und ihn dann in den Mund nahm, um die Welt auszubrüten. Kannst du dir vorstellen, in welch krassem Gegensatz das zur christlichen Moral steht? Oder die Gepflogenheiten im alten Rom, wo die Kaufleute gemeinsam am Donnerbalken saßen und ihre Verträge aushandelten. In unserer Kultur undenkbar. Bei einem Eingeborenenstamm in Neuguinea laufen die Frauen immer mit nacktem Oberkörper herum und kein Mann findet das erotisch. Aber wenn sie die mit ranzigem Schweinefett eingeriebenen Nacken der Frauen riechen und sehen, wie sie glänzen, dann erregt sie das sexuell. So vieles, was wir für normal und natürlich halten, ist in Wirklichkeit dem kulturellen Entwicklungskontext geschuldet. Oder die physischen Sinne, die unsere Realität bestimmen. Ein Zitteraal registriert die Umwelt auch über das elektrische Potential, eine Fledermaus sieht die Welt, indem sie sie anschreit. Wenn wir die verschiedenen Realitäten als unsere eigenen begreifen und erfahren können, ohne die Hierarchie der Wahrheiten aufgrund ihrer unterschiedlichen Horizonte zu leugnen, dann wissen wir auch immer besser, was zu tun ist, um unsere globalen Krisen zu überwinden. Die Außerirdischen sind alle sehr verschieden, sowohl kulturell als auch physisch. Aber in einem Punkt sind sie alle gleich: Sie wissen, dass sie ein Wesen sind, das, mit unterschiedlichen Erinnerungen ausgestattet, diese Welt aus Milliarden von Augen betrachtet.»
Noch während seines Redeschwalls beugte sich David vor, brach ein weiteres Stück Mohnkuchen ab und reichte es Stefan. «Fühlst du dich schon besser? Die Mindmachine kannst du übrigens

behalten, sie gehört jetzt dir. Es liegt nun in deiner Verantwortung, was du weiter damit machst.»

Zwei Stunden später kam Stefan nach Hause. Seine Frau war inzwischen auch heimgekommen und begrüßte ihn aus dem Wohnzimmer: «Na, wie war's?» Er stand noch so unter dem Eindruck des Erlebten, dass ihm selbst der Faltenwurf ihrer Bluse alles andere als zufällig erschien. Als er vor ihr stand, wurde ihr Blick besorgt: «Was ist passiert?» Er hatte noch nie etwas vor ihr verheimlichen können. Also erzählte er, was passiert war. Sie hörte aufmerksam zu, und als er geendet hatte, sagte sie: «Und David sagt, wer es nur hört, hält es für eine Halluzination?» «Ja, aber glaube mir, es ist das Realste, was ich je erlebt habe.» «Dann gibt es nur eine Lösung. Wo ist diese Mindmaschine jetzt?» Er kramte in seiner Tasche, holte sie hervor und gab sie ihr. «Es wird mir nichts anderes übrig bleiben, als sie auch auszuprobieren.»

Als sich das Gerät nach etwa fünf Minuten von selbst ausschaltete, schaute sie immer noch durch ihn hindurch. Er wusste, was sie fühlte, aber jetzt sah er, wie es von außen aussah. Wie in Trance sagte sie: «Wir sind das Wasser des Meeres, das als Morgentau im Schatten unserer Ich-Kräfte zu einzelnen Eiszapfen gefriert. Aber wir können uns unserer ozeanischen Natur bewusst werden». Langsam klärte sich ihr Blick. Sie sah ihn an, hob die Hand und sagte: «Du hattest Recht», dabei streichelte sie sanft seine Wange, «auch wir sind jetzt Aliens in dieser Welt».

7. Aufgetaut

Es war anders verlaufen als geplant. Aber bei langfristigen Projekten muss man immer damit rechnen, dass etwas Unvorhergesehenes passiert. Dann muss man improvisieren. Schade nur, dass es einen Toten gab. Aber konnte er etwas dafür? Musste er sich deswegen Vorwürfe machen?

Noch vor den ersten Sonnenstrahlen des antarktischen Frühlings hatte Sven Norderstett dieses seltsame Gebilde entdeckt, das er anfänglich für die eingefrorene Missgeburt irgendeines Polartieres gehalten hatte. Ein besonders heftiger Wintersturm hatte die durch den Klimawandel ohnehin brüchig gewordene Eisdecke komplett aufgebrochen und einen Teil davon einen Hang hinabstürzen lassen. Sven war nur zufällig darauf gestoßen, weil er nach der langen Polarnacht ungeduldig den sechsmonatigen Tag begrüßen wollte. Auch weil er wusste, dass, wenn es wieder hell wird, die Ablösung kommt, auf die er nach der langen Einsamkeit sehnsüchtig gewartet hatte. Nicht, dass er sich nach der Gesellschaft der Menschen in der Zivilisation sehnte, aber wieder mit jemandem reden zu können, das war ein gutes Gefühl. Und so drängte es ihn nach draußen, als könnte er damit den Tag erzwingen. Der Himmel war noch sternenklar, aber man konnte schon die Morgendämmerung erahnen, die sich einmal in 24 Stunden um den Horizont drehte.

Bei einem seiner Morgen-Spaziergänge war ihm dann dieser dunkle Fleck an der aufgebrochenen Eiswand aufgefallen, als das Licht seines Handscheinwerfers darüber strich. Eigentlich war er kaum zu sehen, aber im ewigen Eis war alles, was nicht rein weiß war, etwas Besonderes.

Sven Norderstett, der Polarforscher, kletterte den steilen Hang hinauf, um ihn besser sehen zu können. Wie hätte er ihn warnen können? Er war doch nur ein halb gefrorener Zellhaufen. Seine Regeneration hatte gerade erst begonnen. Und als er sich unwillkürlich bewegte, hatte ihn das so erschreckt, dass er mit dem linken Fuß ausrutschte, das Gleichgewicht verlor und unaufhaltsam in die Tiefe rutschte. Er hatte es mit Schrecken bemerkt. Obwohl seine Funktionen noch sehr langsam waren und fast zwei Drittel seiner Körpermasse noch im Eis steckten, konnte er die Erschütterung der Psyche spüren, als Sven Norderstett in den Tod stürzte.

Nun lag der Polarforscher vor ihm auf dem Tisch der Station und er versuchte, die Reste von Svens Erinnerungen aufzusaugen, um wenigstens etwas von seiner Persönlichkeit zu retten. Dabei hatte er noch nicht einmal seine eigenen Erinnerungen aus der DNA-Datenbank seines Organismus richtig rekonstruiert. Als Sven auf ihn aufmerksam wurde, wusste er nur, dass er vor langer Zeit auf diesem Planeten notgelandet war und keine Möglichkeit hatte, die Seinen um Hilfe zu rufen. Aber er hatte das Potenzial der Menschen erkannt, zu einer technischen Zivilisation heranzureifen. Und die Ontogenese einer raumfahrenden Gesellschaft verlief immer über die ökologische Krise der Nutzung fossiler Brennstoffe, die zur globalen Erwärmung führt. Denn sie liefert einerseits den notwendigen entropischen Impuls für weitere technologische Entwicklungen und ist andererseits das notwendige Signal dafür, die eigene Macht und damit die Verantwortung gegenüber der lebendigen Natur zu begreifen. Wenn diese Krise einmal überwunden wird, wird die Menschheit sowohl über die Technologien verfügen, die er braucht, um mit den Seinen in Kontakt zu treten, als auch über die nötige Empathie für alles Lebendige, so dass er nicht Gefahr läuft, als Fremder Angst auszulösen und abgelehnt und bekämpft zu werden. Deshalb ließ er sich in der südlichen Polarregion einfrieren. Er wusste, dass er zu gegebener Zeit wieder auftauen würde.

Diese grobe Information über seine eigene Vergangenheit hatte er bereits aus seinem DNA-Speicher rekonstruieren können, als Sven vor seinen geistigen Augen in den Tod glitt. Trotz aller Bemühungen, sich schneller zu regenerieren, konnte er dem armen Menschen nicht mehr zum Leben verhelfen. So musste er diesen tragischen Vorfall zumindest dazu nutzen, um mit der Tatsache, dass er zu früh erwacht war, improvisierend umzugehen. Er musste den Körper von Sven Norderstedt mit seinem eigenen Zellorganismus äußerlich nachbilden und in dessen Rolle schlüpfen. Dazu musste er aber wissen, wer dieses Wesen war.

Er fühlte sich in Svens Neuronengeflecht ein und versuchte, mit seiner eigenen Identität in seine schwindenden Erinnerungen einzudringen. Wenigstens ein paar Eckpunkte musste er retten, um die Rolle glaubwürdig spielen zu können. Dann würde er sehen, wie er weitermachen konnte. Wie er bisher aus Norderstetts Erinnerungen entnehmen konnte, hatte die Menschheit die Krise noch nicht überwunden und daher auch noch nicht die Techniken entwickelt, die er benötigen würde. Er würde sich noch einige Jahrzehnte, vielleicht sogar Jahrhunderte unter den Menschen verstecken müssen, um sich zu schützen. Vorerst in der

Gestalt von Sven Norderstedt, danach würde er weitersehen. Sven kam aus einem Land namens Norwegen, hatte keine Familie, kaum Freunde, aber viele Bekannte aus seinem beruflichen Umfeld. Das würde es leichter machen. Er hatte immer wieder Atemprobleme, das war ein wichtiger Teil seiner Biografie. Das würde es schwierig machen. Er musste absichtlich eine Fehlfunktion in seinen Körper einbauen. Sie nannten es Asthma und in Svens Fall war es eine allergische Reaktion auf andere Wesen auf diesem Planeten, die sie Katzen nannten. Also musste er diese Wesen meiden, dann brauchte er diese Atemnot nicht vorzutäuschen.

So saugte er Erinnerung um Erinnerung aus dem Geist des Verstorbenen, bis nichts mehr zu retten war. Aber Sven war über sechs Monate allein in der Antarktis gewesen, niemandem würde auffallen, dass er anders war. So lange Entbehrungen jeglichen Sozialkontakts verändern jeden Menschen.

Nach einigen Minuten der Trauer über dieses Wesen, das er jetzt fast so gut kannte, als wäre er es selbst, hob er den leblosen Körper auf und trug ihn nach draußen. In etwa 200 Meter Entfernung gab es Eiseinbrüche, in denen er ihn zur letzten Ruhe betten konnte. Niemand würde ihn dort entdecken, denn niemand würde nach ihm suchen. Schließlich war ein Sven Norderstett auf der Station, wenn die Ablösung kam, und niemand würde vermuten, dass es sich um einen Klon, eine Art «Wechselbalg» handelte. So trug er ihn durch die Morgendämmerung hinüber und ließ ihn mit leiser Wehmut ins Eis gleiten. Nach seinen Berechnungen würde es etwa 10 bis 20 Jahre dauern, bis das Eis den Körper an der Küste wieder freigeben würde. Auch wenn nicht sicher war, ob er dann gefunden würde, musste er bis dahin seine Identität ändern.

Er erhob sich und blickte zum ersten Mal bewusst in den Himmel, um die Konstellationen der Sterne zu beobachten. Nach der Verschiebung zu urteilen, mussten etwa 25.000 Jahre vergangen sein, seit er eingefroren war. Ob er noch jemanden treffen würde, den er kannte, wenn er wieder zu Hause war? Leise knirschte der Schnee unter seinen Schuhen, als er gedankenverloren zur Station zurückging.

Drei Runden der Morgendämmerung verbrachte er damit, die Aufzeichnungen des Stationscomputers zu studieren. Anfangs fiel es ihm noch schwer, aus dem Farbenspiel auf dem Bildschirm sinnvolle Informationen herauszulesen. Doch als sich die Schleier um Svens Erinnerungen an diese Technik mehr und mehr lüfteten, wurde ihm schnell klar, dass er nicht so lange warten musste, bis die Technik der Menschen so weit entwickelt war, dass er Kontakt zu den Seinen aufnehmen konnte. Der Planet stand offensichtlich bereits unter Quarantäne. Sie waren hier. Es gab nur zwei Alternativen: Entweder die Menschen wurden friedfertig, einfühlsam und rücksichtsvoll gegenüber der belebten Natur, oder sie mussten sich im Existenzkampf um die knapper werdenden Ressourcen gegenseitig auslöschen. Ein wie auch immer gearteter Mittelweg war keine Option. Die Völker der Galaxis durften sich nicht der Gefahr aussetzen, dass sich eine empathielose Zivilisation von der Oberfläche ihres Planeten löste.

Wichtig für ihn war jedenfalls: Sie waren hier. Er musste sich nur zu erkennen geben.

Lächelnd lehnte er sich zurück und blickte um sich. Aus den Augenwinkeln hatte er eine Bewegung hinter dem Fensterkreuz bemerkt. Die Helligkeit des Tages brach nun den Himmel auf und die Tierwelt der Eiswüste erwachte. Draußen sah man schon die ersten Pinguine. Er musste sich vorbereiten. Es gab noch einiges zu tun. Langeweile würde nicht aufkommen, bis die Ablöse mit dem Hubschrauber vom Forschungsschiff herüber kommen würde. Dann konnte er endlich in die Anderswelt seines Planeten zurückkehren.

8. Graphén

Die untergehende Sonne tauchte die oberen Wolkenränder in ein leuchtendes Orange, das sich deutlich von dem blauschwarzen Himmel abhob, an dem bereits einige Sterne hell und klar zu erkennen waren. Der Blick vom Rand seiner Villa auf dem Luftschiff hinunter zur Erde war heute den ganzen Tag durch dichte Wolkenbänke versperrt. Aber das tat dem unvergleichlichen Genuss der blauen Stunde keinen Abbruch, wenn der kreiselstabilisierte Graphén-Schwimmer, leichter als Luft, sein Domizil über den Wolken trug, sanfte Pirouetten drehte und der große Zierbaum in der Mitte der Aussichtsterrasse seine Äste dem Abendrot entgegenstreckte.

Leicht fröstelnd stand er auf, nahm seinen Latte Macchiato und ging zum verglasten Pool, um den Rest des Abends drinnen zu verbringen. Er öffnete die Schiebetür und sofort umfingen ihn sanfte Sphärenklänge und der Duft von Sandelholz. Draußen war es kühl geworden. Nicht nur, weil seine Residenz auf fast 4000 Metern über den Alpen schwebte, sondern auch, weil ein Gewitter aufzog.

Aber das hat ihn nicht gestresst. Ganz im Gegenteil. Seine eigene Entwicklung zur Massenproduktion von Graphen hatte auch diesen Bereich revolutioniert. Diese spezielle Form des molekularen Kohlenstoffs – in sechseckigen Waben als zweidimensionale Schicht zu großen Flächen angeordnet – war nicht nur zehnmal leichter als Luft und 200-mal fester als Stahl. Er war auch flexibel wie Plastik und dehnbar wie Gummi, hitzebeständig, transparent und zugfest, ein extrem guter Wärme- und Stromleiter, ein Energiespeicher und ermöglichte Computer im Nanoformat, die weniger Strom verbrauchten und bis zu hundertmal schneller rechneten. Es ermöglichte auch, Blitze direkt in den Wolken einzufangen und ihre Energie in Speicher zu leiten, die ebenfalls aus Graphen bestanden.

Er war die treibende Kraft hinter dem weltweiten Wandel vom fossilen Zeitalter, das beinahe zum Untergang der Menschheit geführt hätte, zum Graphenzeitalter, das dem sprichwörtlichen Paradies sehr ähnlich ist.

Zwar wurde das Wundermaterial bereits 2004 entdeckt, wofür die beiden Forscher Andre Geim und Konstantin Novoselov 2010 den Nobelpreis für Physik erhielten. Doch erst seine Entdeckung, dass sich das Material im industriellen Maßstab bei exakt kontrollierten Temperaturen von 970 °C kristallin wachsen lässt, wenn es mit Ultraschall auf breite Kupferbänder über Kohlenwasserstoffgas aufgedampft wird, brachte den Durchbruch zur kommerziellen Anwendung.

Er streifte seine Sommersandalen von den Füßen und setzte sich auf den Liegestuhl am Pool. Oh, jetzt hatte er aus Versehen etwas von dem guten Kaffee verschüttet, und zwar direkt auf seine weiße Sommerhose.

Aber egal, am leisen Summen im Hintergrund erkannte er, dass der elektronische Butler seiner Villa den Vorfall bereits bemerkt und einen Reinigungsroboter losgeschickt hatte. Das erinnerte ihn daran, dass auch die Entwicklung der künstlichen Intelligenz ihren Anteil am heutigen Paradies hat, nicht nur seine Entwicklung. Es ist eben immer eine Kulturleistung und nicht die Leistung eines Einzelnen, wenn sich die Verhältnisse so drastisch ändern.

Und es ist auch immer mit Ängsten und Verlusten verbunden. Den Protagonisten des fossilen Zeitalters erschienen diese unvorhersehbaren Umwälzungen zunächst wie der Untergang all dessen, was sie an Kultur kannten. Deshalb bekämpften sie ihn und seinesgleichen mit allen ihnen zur Verfügung stehenden Mitteln. Sein Unternehmen war – so könnte man poetisch-metaphorisch formulieren – die Schwarze Witwe des Kapitalismus: durch ihn erst ermöglicht und doch ursächlich für seinen Tod verantwortlich. Damals hatten sie ihn beschuldigt, das irrationale Glaubensbekenntnis «der erneuerbaren Energien, der Nachhaltigkeit von CradleToCradle und der sozialistischen Idee des bedingungslosen Grundeinkommens» zu unterschreiben und damit alle Voraussetzungen ihrer gewachsenen Kultur zu untergraben. Sie hatten ihm alles angeboten, um ihn auf ihre Seite zu ziehen: Geld, Macht, Einfluss, Ruhm. Da er alles ablehnte, hätten sie ihm auch den Tod angeboten, wenn es ihnen gelungen wäre. Glücklicherweise war zumindest in seinem Fall der Umbruch schneller als sie, und ihre Macht schwand, bevor sie ihre Verschwörung in die Tat umsetzen konnten.

Er hatte sich nicht zum Wasserträger der fossilen Industrie machen lassen. Und das war gut so – für ihn, für die Biosphäre der Erde und für die gesamte Menschheit, der nun Energie und Ressourcen im Überfluss zur Verfügung standen. Niemand vermisste die erzwungene Knappheit der Güter, die die Voraussetzung für den Kapitalismus war.

Der kleine Roboter stand nun auffordernd vor ihm und verlangte mit Nachdruck, dass er seine Hose zur Reinigung ausziehe. Okay, dachte er und stellte sein Kaffeeglas ab, er wollte sowieso noch eine Runde im Pool schwimmen. Vielleicht rissen die Wolken noch auf, bevor das letzte Licht des Tages verschwand, und er könnte durch den Beckenboden aus graphenverstärktem, transparentem Aluminium noch einen Blick auf die Berge unter ihm werfen. Und wenn nicht, dann war das Gewitter sicher auch ein schönes Schauspiel.

9. Wie ich dazu kam, Geschichten zu schreiben

«Hexerei», dachte er. Im selben Augenblick erschien es ihm wieder lächerlich. Aber wie sonst sollte er sich seinen Zustand erklären? Er lag auf dem Rücken im Bett und starrte in die Dunkelheit. Er fühlte sich bestraft und zugleich nicht ernst genommen. Warum, konnte er nicht sagen. Er versuchte, sich an etwas zu erinnern, wusste aber nicht, woran. Es war, als ob er nach einem Traum griff, der sich, je mehr er ihn zu fassen suchte, immer tiefer in sein Unterbewusstsein zurückzog. So muss sich Orpheus gefühlt haben, als er sich zu früh umdrehte und hilflos mit ansehen musste, wie Eurydike vor seinen Augen wieder in der Unterwelt versank. Draußen goss es in Strömen. Der grünliche Schein der im Wind schwankenden Neonröhren, die die Kastanienallee vor seinem Fenster beleuchteten, warf groteske Lichtspiele an die Zimmerdecke. Er hatte die Idee zu einer genialen Geschichte. Das wusste er genau. Er spürte das euphorische Gefühl noch als Nachgeschmack in seinem ganzen Körper. Er musste sich erinnern. An der Zimmerdecke erschien ein Lichtstreifen, der sich langsam nach unten bewegte. Diese Bewegung erinnerte ihn an längst vergangene Dreharbeiten: «Szene 1 – Klappe, die Erste! Klack!» Doch es waren nur die Scheinwerfer eines vorbeifahrenden Autos. Er hörte das Motorengeräusch und das Quietschen der Reifen auf dem nassen Asphalt.

Er zwang seine Aufmerksamkeit zurück auf sein Körpergefühl. Man erinnert sich an einen verlorenen Traum, indem man die

Position einnimmt, in der man ihn geträumt hat. Das nannte man «Körpererinnerung». Aber wie erinnert man sich an eine verlorene Handlung? Er musste sich an den ganzen Tag erinnern. Wenn er nur nicht diese Kopfschmerzen gehabt hätte, die ihm jeden vernünftigen Gedanken austrieben.

Er war morgens aufgestanden und hatte gefrühstückt. Wie jeden Tag. Dann war er im Park spazieren gegangen, und danach – genau – danach hatte er ein Interview mit einem Reporter gehabt, der ihn wegen seiner Genialität als Schriftsteller interviewt hatte. Ein komischer Typ, ganz in weiß gekleidet wie ein Esoteriker, und dann hatte er eine Praktikantin mitgebracht ... Wahrscheinlich wollte er ihr zeigen, wie man ein gutes Interview führt. Dabei war er selbst ein Stümper.

Aber darum ging es nicht. Wieder ein Lichtstreifen. Er musste sich konzentrieren. Er durfte sich nicht von jedem Auto von den wichtigen Gedanken ablenken lassen. Sonst würde es heute nicht klappen. Wenn er in den letzten Jahren etwas gelernt hatte, dann, dass die Realität nur von den wirklich genialen Gedanken ablenkte. Also legte er sich noch einmal ganz bewusst gerade hin und wandte die Atemtechnik des Autogenen Trainings an, die ihm bisher immer geholfen hatte, seine Aufmerksamkeit auf ein bestimmtes Ziel zu richten: «Ruhe – Schwere – Wärme. Einatmen – Ausatmen. Ruhe – Schwere – Wärme».

Zurück zum Tagesablauf: Nachdem der Journalist begrüßt wurde und Platz genommen hatte, ging es zunächst darum, Kristallisationspunkte für Kreativität zu finden. Dazu zog der Redakteur einige Karten aus der Tasche und reichte sie ihm einzeln mit der Bitte zu sagen, was er darauf sehe.

Eigentlich waren auf jeder Karte nur abstrakte, aber symmetrische Farbkleckse zu sehen. Dabei hatte er am Anfang versucht, seine Kreativität unter Beweis zu stellen. Schließlich wollte er einen guten Eindruck machen, damit der Artikel, der am Ende veröffentlicht wird, stimmig ist und kein Verriss. Also schwadronierte er von phantastischen Welten, von Tigern, die auf umgestürzten Bäumen zu den Wasserlöchern des Dschungels zu gelangen versuchen, von Raumschiffen, die auf fremden Planeten landen und dabei von der einheimischen Tierwelt beobachtet werden, von Dimensionslöchern in dunklen Sackgassen, durch die Zeitreisende in die Städte der Gegenwart gelangen ... und so weiter und so fort. Er war wirklich unübertroffen kreativ.

Aber der Schreiberling ließ nicht locker. Er reichte ihm eine Karte nach der anderen. Irgendwann staute sich die Wut in ihm, und als ihm ein weiteres Bild auffordernd entgegengehalten wurde, brach es aus ihm heraus: «Das bin ich, wie ich in Oslo den längst verdienten Literaturnobelpreis entgegennehme. ... Sagen Sie, wollen Sie mir nicht endlich anständige Fragen stellen?» Das zeigte Wirkung. Der Reporter legte die restlichen Karten beiseite und sagte: «Erzählen Sie mir, wie es angefangen hat.» Jetzt konnte er endlich loslegen.

«Sie meinen, wie ich dazu gekommen bin, Geschichten zu schreiben?» Er richtete sich auf und machte eine kurze Pause. «Eigentlich war ich Wissenschaftsphilosoph und schrieb Bücher, die nur ein winziges Publikum hatten. Aber meine Frau war in diesem

Literaturzirkel und hat mich mitgenommen. Da kam ihr die Idee mit den Reizwortlisten. Das ist so ähnlich wie ihre Bilder. Man denkt sich unzusammenhängende Wörter aus, bei uns waren es dreizehn an der Zahl, die als Kristallisationskeime für Kreativität dienen und um die man eine Geschichte erzählen muss, damit die Wörter wie von selbst in der richtigen Reihenfolge auftauchen. Ich habe mich an dem Spiel beteiligt und von den anderen Teilnehmern gutes Feedback bekommen. So habe ich mein Genie entdeckt.»

Ein weiteres Lichtband.

Verdammt! Er spürte, wie er in seiner Erinnerung wieder ganz nah an die verlorene Handlung herangekommen war. Er durfte jetzt nicht loslassen. Er klammerte sich an das Gespräch mit dem Zeitungsmann wie ein Ertrinkender an den rettenden Strohhalm. Um sich besser konzentrieren zu können, ließ er den rechten Arm aus dem Bett baumeln. An der Seite seines Bettes war ein Astloch im Holz, das er immer mit dem Finger ertastete, wenn er nicht einschlafen konnte. Es zu spüren, würde ihn sicher beruhigen. Aber komischerweise war da jetzt kein Holz mehr, er lag in einem Metallbett ... Egal, er musste jetzt an dem Gefühl festhalten. Nachdem der Reporter seine Geschichte erzählt hatte, wandte er sich an seine Praktikantin und fragte nach ein paar Zahlen. Nein, das war keine Praktikantin. Jetzt erinnerte er sich. Es war seine Schwester. Dieser seltsame Typ hatte seine Schwester zum Interview mitgebracht und sie sogar mit «Schwester» angesprochen. Jetzt sagte sie zu ihm: «Dreimal am Tag zwei davon.»

Ein seltsames Gefühl beschlich ihn, das er nicht richtig einordnen konnte. Dabei klang es gar nicht so schlecht. Dreimal zwei am Tag, das waren sechs Bücher am Tag. Das machte 42 Exemplare pro Woche. Bei 52 Wochen waren das über zweitausend verkaufte Bücher im Jahr. Er wusste nicht, wie viele man verkaufen musste, um ein Bestseller zu werden, aber diese Zahl erschien ihm ganz passabel. «Das müssen wir steigern», sagte der Reporter jetzt, «sagen wir, dreimal am Tag drei.»

Wieder überkam ihn dieses seltsame Gefühl.

Aber jetzt, wo er darüber nachdachte, war der Journalist vielleicht doch nicht so eine Pfeife, wie er gedacht hatte. Er schien sich mit Marketing auszukennen. Also ... dreitausend verkaufte Bücher pro Jahr. Das war eine erfreuliche Prognose für den Werbeeffekt eines Interviews. Und plötzlich war es wieder da: Die Begeisterung über den Buchverkauf hatte eine Resonanz in ihm ausgelöst. Wie aus einem Nebel stieg mit der freudigen Erregung auch die Erinnerung an den verlorenen Plot wieder in ihm auf: «Die Geschichte eines Mannes, der sich für absolut genial hielt und nicht merkte, dass er eigentlich in der Psychiatrie war». «Heureka!» Warum seine Zeit mit langweiligen Büchern über Quantentheorie verschwenden, die sowieso keiner liest, wenn man stattdessen so geniale Geschichten schreiben kann? Gleich morgen, noch vor dem Frühstück, würde er sich hinsetzen und das zu Papier bringen. Das wird der Hammer. Das würde die tollste Geschichte werden, die er je geschrieben hatte. Er konnte es kaum erwarten.

Er wusste, dass er diesmal bis an seine Schmerzgrenze gegangen war. Aber am Ende waren seine Mühen von Erfolg gekrönt. Zufrieden wickelte er sich in seine Bettdecke und lachte leise vor Glück in sein Kissen. Draußen hatte es aufgehört zu regnen, und nur das leise Rauschen des Sommerwindes in den trockenen Blättern der Alleebäume begleitete ihn in den Schlaf.

10. In Wolframs Welt

Jetzt stand er wieder da, die Stirn an das Stahlgitter des Tores gelehnt, und wartete auf den richtigen Moment. Er stand da und war doch voller Zweifel.

Ob Schneechaos, Krautwochen oder Karneval, nichts von diesen Sensationen des Jahresanfangs hatte Jakob beeindrucken können, seit er vor 23 Jahren, am 29. Januar 1996, kurz nach 16 Uhr, an der Burgmauer jenen geheimen Zugang zu einer anderen Welt entdeckt hatte, die seither sein Leben bestimmte. Niemand außer ihm schien ihn zu kennen. Und er hütete sich, jemandem davon zu erzählen. Es hätte auch keinen Sinn gehabt.

Damals hatte er als Gärtner für die Stadt gearbeitet und auf dem Absatz vor den letzten Stufen zum Schloss eine Holzleiter aufgestellt, um einen Baum zurückzuschneiden, als beim Hinaufsteigen eine Sprosse brach. Er stürzte nicht nur zu Boden, sondern fiel auch in den eigentlich durch ein Eisengitter verschlossenen Gang, der unter dem Burghof hindurch zur Wasserburg führte. Als er sich erstaunt aufrappelte und umdrehte, war nicht nur das Eisengitter samt Leiter verschwunden, sondern auch die Landschaft hatte sich verändert. Der unterirdische Gang, der zum Schloss führte, war noch da. Aber ansonsten schien die Welt eine andere zu sein. Einige Stunden lang irrte er verwirrt in den Auen des Flusses umher, der ganz sicher nicht der Inn war, den er kannte. Zwar bemerkte er, als er am Ufer entlang ging, dass auch dieser

Fluss sich um einen Felsen schlängelte, auf dem eine Burg stand, genau wie in Wasserburg, aber die Stadt fehlte.

Das Steilufer, das der Inn seit der letzten Eiszeit in die Landschaft gegraben hatte, war hier nicht einmal halb so hoch. Außerdem war es Winter gewesen, als er von der Leiter gefallen war, und jetzt blühte hier alles in den hellsten Frühlingsfarben. Gerade als er sich entschlossen hatte, zum Schloss zu gehen, um nachzusehen, ob er vielleicht einen der Bewohner antraf, der ihm sagen konnte, wo er hier gelandet war, schwanden ihm die Sinne. Als er erwachte, lag er im Schnee, genau auf den Stufen, wo er die Leiter, die er jetzt wieder neben sich sah, an die Mauer gelehnt hatte, um Bäume zu schneiden. Über ihm beugte sich Alois, sein Gärtnerkollege, mit schreckgeweiteten Augen zu ihm herab und fragte, ob er sich wehgetan habe. Auf Jakobs Frage, was passiert sei, antwortete Alois, dass er, Jakob, gerade von der Leiter gefallen sei.

Das war absurd, denn er war schon vor einem halben Tag von der Leiter gefallen und gerade stundenlang – am Fuße eines ganz anderen Wasserschlosses – durch fremde, frühlingshafte Auen geirrt. Aber er sagte nichts. Er ging zum Arzt, ließ sich mit Verdacht auf Gehirnerschütterung krankschreiben und versuchte, das Erlebte zu vergessen. Was ihm nicht gelang. Im Gegenteil. Je mehr Zeit verging, desto präsenter wurde ihm diese andere Welt.

Er beschloss, der Sache auf den Grund zu gehen. Und so schlich er sich heimlich wieder zu jenem eisernen Tor an der Treppe, das den Tunnel zum Schloss versperrte, und suchte nach dem Eingang, durch den er so überraschend gefallen war. Aber so wenig er ihn fand, so besessen war er von der Idee, dass es ihn geben müsse. Fast ein Jahr lang nutzte er jede Gelegenheit, sich dort aufzuhalten und zu suchen – erfolglos, wie man sagen muss. Dann endlich, am Jahrestag seines Leiterunfalls, schlüpfte er wie zufällig – und wieder wusste er nicht genau wie – durch das Tor und war wieder in diesen fremden Auen. Aber diesmal durfte er keine Zeit verlieren, und so machte er sich sofort auf den Weg zum Schloss. Das Tor stand offen und er trat ein. Sie war moderner gebaut als die Wasserburg, die er kannte, vielleicht nur renoviert, aber offensichtlich auch mit modernster Technik ausgestattet. Denn als Jakob durch die Gänge schlich, hörte er plötzlich aus einem der Zimmer die Aufforderung: «Kommen Sie doch herein. Hier bin ich, im Salon.» Und als er der Stimme folgte und den Raum betrat, sah er neben einigen Zimmerpalmen an den großen Panoramafenstern, die den Blick auf eine grandiose, diesmal sommerliche Auenlandschaft freigaben, nicht nur den Sprecher der Einladung, der sich gerade leicht bekleidet vom Boden erhob, wo er vermutlich Liegestütze gemacht hatte, was man aus seinem verschwitzten Gesicht schließen konnte, das er sich nun mit einem Handtuch abtrocknete, sondern auch einen riesigen Flachbildschirm, der an der Wand hing und auf dem abwechselnd die verschiedenen Gänge des Schlosses zu sehen waren. Für Jakob war das so faszinierend – denn in seiner Welt kannte man damals nur klobige Röhrenbildschirme -, dass er fast die Hand übersehen hätte, die ihm der Hausherr mit den Worten «Was kann ich für Sie tun?» entgegenstreckte.

Schnell ergriff er die Hand und entschuldigte sich überschwänglich für die Störung. Dann versuchte er, seine Situation zu schildern. Natürlich aus Angst, für verrückt erklärt zu werden, und deshalb mit vorsichtigen, umschreibenden Worten. Aber der Hausherr, ein gewisser Magister Wolfram Kern, zeigte sich keineswegs ungläubig, sondern sogar höchst erfreut und interessiert. Als er hörte, dass Jakob aus einer anderen Wirklichkeit stammte, fasste er ihn sofort am Arm und zog ihn mit sich. Und während er ihm von einem Experiment zur Überprüfung der Multiversumsthese erzählte – wobei er ausschweifend von der Anregung von Quantenmembranen sprach, um durch Bedeutungsresonanzen eine Schleifengravitationsüberlagerung in den Multiversumsschichten zu erzeugen -, führte er ihn in den Keller des Schlosses und präsentierte ihm ein riesiges – wie er sich ausdrückte – Sensorportal eines – den ganzen Planeten umspannenden – lasergepulsten Magnetresonanzringbeschleunigers.

Jakob verstand zwar kein Wort, aber die Apparatur im Kellergewölbe, die ihm gezeigt wurde, ließ ihm die Kinnlade herunterklappen. So stellte er sich das Innere eines Atomreaktors vor, oder nein, besser gesagt, den Antrieb des Raumschiffs Enterprise. Ein gigantischer, fein strukturierter Metallring, dessen Details wie die Ornamente eines Sakralbaus einer längst untergegangenen Kultur aussahen, vielleicht zwölf Meter im Durchmesser, ragte vor ihm auf wie der Eingang zu einem U-Bahnschacht. Und aus allen Teilen ragten – gefühlt – Millionen von Kabeln, die in irgendwelchen versteckten Apparaturen in den Wänden verschwanden. Der Fels unter der Burg muss für diesen Ring komplett ausgehöhlt worden sein.

Als er sich wieder einigermaßen gefasst hatte, fragte Wolfram ihn nach allen Einzelheiten seines Erlebnisses und erklärte ihm schließlich, dass es von astronomischen Konstellationen abhängen müsse, wann sich das Tor öffne – und dass er unbedingt herausfinden müsse, welche Konstellationen das seien, und dass er – ganz wichtig! – wiederkommen müsse.

Seitdem waren 22 Jahre vergangen, und jedes Jahr am 29. Januar hatte er Wolfram wieder besucht. Gemeinsam arbeiteten sie daran, dem Phänomen auf den Grund zu gehen. Jakob brachte seine eigenen Forschungen zu Wolfram und erfuhr von ihm die neuesten Ergebnisse.

Sie fanden heraus, dass sich das Tor öffnete, wenn die Sonne auf 9°10` Wassermann im tropischen Tierkreis stand. Gleichzeitig verschob sich der Zeitpunkt jedes Jahr um 50 Bogensekunden. Es hatte also nichts mit den Jahreszeiten zu tun, sondern mit dem Sternenhimmel, der sich durch die Präzession der Erdachse mit den Jahreszeiten verschob. Jetzt, nach über zwanzig Jahren, öffnete sich das Tor, wenn die Sonne bei 9°29‘ Wassermann stand. Jakob konnte nun auf die Minute genau vorhersagen, wann er durch das Eisengitter in den Schacht steigen konnte.

In Wolframs Welt schien das Öffnen des Tores jedoch mit dem siderischen Mondlauf zusammenzuhängen, denn als Jakob nach einem Jahr zurückkehrte, waren für Wolfram nur vier Wochen vergangen.

Mit der Zeit wurden die Besuche von Jakob zu einem Treffen herausragender Persönlichkeiten aus Wolframs Welt, die sich alle um die spirituelle Physik verdient gemacht hatten. Es waren regelrechte Dinnerpartys mit gemeinsamem Kochen, üppigem Essen und vielen interessanten Gesprächen über die Natur der

Wirklichkeit und die Bedeutung des bewussten Beobachters. Mit der Zeit lebte Jakob nur noch für diesen einen Tag im Jahr. Dort erlebte er alles, was ihm in seinem Leben gefehlt hatte. Hier war er nur Gärtner, dort war er das wichtigste Mitglied eines akademischen Kreises an der Front der Wissenschaft.

Doch es gab einen Wermutstropfen: Obwohl sich die Welten aufgrund von Bedeutungsresonanzen überlagerten – so wurde es von den Wissenschaftlern beschrieben und das war auch der Grund, warum sich das Tor in Wasserburg am Inn öffnete, weil die Mäander des Inns und die Burg in der Mitte eine Resonanz mit den Mäandern des anderen Flusses und dessen Burg erzeugten. Obwohl sich also eine Zeitschleife überlagerte, die es Jakob ermöglichte, jedes Jahr einige Stunden in der anderen Welt zu verbringen – und auch diese Dauer war variabel, sie verlängerte sich, wie sie herausgefunden hatten, jedes Mal um acht Minuten -, gab es am Ende dieser Schleife eine Abstoßungsreaktion, die verhinderte, dass irgendetwas die Welten wechseln konnte. Jakob hatte zwar seine Notizen mitgebracht und konnte sie zeigen, und anfangs hatte er auch versucht, Wolframs Notizen mit in seine Welt zu nehmen, aber wenn er nach seiner Ohnmacht, die ihn immer am Ende befiel, an der Treppe zur Burgmauer wieder erwachte, hatte er nur seine eigenen Notizen, die er selbst mitgebracht hatte. Nichts von drüben war je herübergekommen und nichts von hier war je drüben geblieben. Aber vielleicht war das auch der Grund, warum er selbst zurückkehren konnte. Ohne diese Zurückweisung wären vielleicht nicht nur seine Aufzeichnungen, sondern auch er selbst für immer dort geblieben. Hinzu kam, dass es sich offensichtlich um eine Raum-Zeit-Schleife handelte. Das bedeutete, egal wie viel Zeit er dort verbrachte, hier vergingen nur Bruchteile von Sekunden. Für einen unbeteiligten Beobachter musste es daher so aussehen, als würde Jakob jedes Jahr am 29. Januar mit dem Kopf gegen das Stahlgittertor stoßen, das den Zugang zum Burgtunnel versperrte, und sich dabei das Bewusstsein verlieren.

In den zwölf Monaten zwischen den Besuchen hatte er also genug Zeit, an seinem Verstand zu zweifeln. War das, was er erlebte, wirklich real? Immer wieder versuchte er, sich mit Drogen in einen Bewusstseinszustand zu versetzen, in dem er die Illusionen wiederholen konnte. Zuerst mit Cannabis und Kokain. Als das nicht funktionierte, auch einmal mit LSD und DMT. Ja, er braute sich sogar ein Serum aus verschiedenen Nachtschattengewächsen wie Alraune, Tollkirsche, Bilsenkraut, Stechapfel und Engelstrompete, wohl wissend, dass der Grat zwischen Rausch und Tod dabei sehr schmal ist. Aber auch das half nicht. Offenbar war das einzige Kriterium, das die Tür wirklich öffnete, tatsächlich die astronomische Konstellation und nicht – zumindest nicht allein – sein Bewusstseinszustand.

Es war also wieder so weit. Es war Dienstag, der 29. Januar 2019. Um 17 Uhr 52 Minuten und 15 Sekunden stand die Sonne bei 9°29` Wassermann und Jakob stand wieder auf der Treppe zum Schloss, die Stirn an der eisernen Gittertür vor dem Durchgang. Er verdrängte seine Zweifel, schaute auf die Uhr, zögerte kurz und trat dann entschlossen einen Schritt vor.

*

«Willkommen zurück, Jakob», hörte er sofort und sah eine Gruppe von etwa fünfzehn Leuten im Tunnel zum Schloss stehen. Er hatte es wieder einmal geschafft.

Hände wurden geschüttelt, Schultern geklopft, neue Gesichter vorgestellt und die ganze Truppe bewegte sich durch den Tunnel zurück zum Schloss. Oben angekommen sah Jakob noch einige Flugzeuge mit Nachzüglern auf der Terrasse vor dem Panoramafenster des Salons landen, dann wurden Neuigkeiten ausgetauscht und die Arbeit in der Küche verteilt. Viele hatten Essen und Trinken mitgebracht und es wurde diskutiert, welches Menü man daraus zaubern könnte. So war es immer. Zuerst wurde über Belanglosigkeiten gesprochen, dann über die praktische Organisation des Tages und im Handumdrehen war man bei Fachgesprächen angelangt.

«Hast du die historischen Enzyklopädien dabei, um unsere Geschichten zu vergleichen?», fragte Wolfram. «Ja», sagte Jakob, holte zwei Bücher und einen Stapel Papiere aus seiner Tasche und legte sie auf den Tisch, «ich habe auch einiges aufgeschrieben, was bei der Suche nach eventuellen Parallelen hilfreich sein könnte». «Sehr gut», antwortete Wolfram, während sie gemeinsam in die Küche gingen, «das erspart uns Arbeit. Ich habe auch schon etwas vorbereitet.» Er deutete auf einen wandfüllenden Bildschirm im Hintergrund der Küche, auf dem gerade das Porträt eines Mannes zu sehen war. Darunter stand: «Johannes Bückler, geboren 1779 in Weidenbach im Taunus, gestorben 1861 in Mainz, Stadtrat und Richter in Mainz».

Jakob stutzte. «Einen Johannes Bückler hat es damals auch bei uns im Taunus gegeben. Nur war der kein Stadtrat und Richter, sondern ein Räuber und Mörder. Den hat man damals Schinderhannes genannt. Ist aber nur 23 Jahre alt geworden, bis sie ihm den Kopf abgeschlagen haben.» «Das ist interessant», sagte eine Frau, die gerade Tomaten und Knoblauch aus ihrem Korb nahm und auf den Tisch legte. Jakob brauchte einen Moment, um sich an ihren Namen zu erinnern, denn er wusste, dass sie schon öfter an den Treffen teilgenommen hatte und eine Expertin auf vielen Gebieten war. Dann fiel ihm wenigstens ihr Vorname ein: Greta. Sie ging zur Videowand und fuchtelte mit den Händen in der Luft herum. Inzwischen wusste Jakob, dass man das «Gesten-Steuerung» nannte. Synchron zu ihren Bewegungen wechselten die Bilder auf der Leinwand. «Unser Johannes Bückler hieß in seiner Jugend auch Schinderhannes», erklärte sie. «Er war der Sohn eines Schinders oder Wasenmeisters, wie man diesen Beruf auch nannte. Die haben den Tieren das Fleisch vom Fell geschabt, bevor sie gegerbt wurden.» Jakob schaute interessiert zu, ging dann aber doch Wolfram zur Hand, der die Tomaten zum Blanchieren ins heiße Wasser legte und anfing, den Knoblauch zu hacken.

«Aber dann», fuhr Greta fort und ließ eine Abfolge von Bildern und Filmen auf der Leinwand erscheinen, «griff man die Idee von Thomas Morus aus seinem philosophischen Dialog ‚Utopia' auf, dass es ‚keine Strafe auf Erden gibt, die die Menschen vom Stehlen abhalten könnte, wenn es die einzige Möglichkeit ist, an Nahrung zu kommen'. So wurde ein Grundeinkommen eingeführt, das innerhalb weniger Jahre die Zahl der Diebstähle und Raubüberfälle auf ein Zehntel reduzierte. Johannes Bückler nutzte die gewonnene finanzielle Sicherheit zur Weiterbildung und wurde zu einem der reichsten Lederer und Gerber des Landes».

Eine Gedenktafel mit dem Porträt Bücklers und seinen biografischen Daten wurde sichtbar. «Er engagierte sich auch im Mainzer Stadtrat und wurde schließlich sogar Stadtrichter.» Sie ging zu Jakobs Büchern und blätterte ein wenig, bis sie fündig wurde. «Das ist für unsere Soziologen interessant», fuhr sie fort, hob das aufgeschlagene Buch hoch und ging zum Bildschirm zurück. «Wenn man die Kalender unserer beiden Welten nebeneinander legt und die Biografien vergleicht ...», begann sie und holte mit einer Geste ein neues Bild auf das Display.

Jakob war gerade dabei, das Sieb über das Abflussrohr zu halten, während Wolfram das heiße Wasser von den Tomaten goss, die für die geplante Tomaten-Knoblauch-Muschelsuppe bestimmt waren. Aber Jakob passte nicht auf, so fasziniert war er von Gretas spontanem Vortrag und so kam es, wie es kommen musste:

Gerade als die beiden Kalender auf der Videowand gegenübergestellt wurden und Greta fortfuhr: «Bückler ist bei euch nur 23 Jahre alt geworden, bei uns aber 82», lief ihm das kochende Wasser über den linken Unterarm. Erschrocken ließ er das Sieb fallen und sprang gut einen Meter zurück. Verdammt tat das weh. Wolfram war sofort bei ihm: «Schnell, halte ihn sofort unter das kalte Wasser. Chris und Peter, holt ihr bitte den Verbandskasten? Gleich neben der Tür zum Salon.»

Er führte Jakob zum Waschbecken und drehte das kalte Wasser auf. Das tat gut, der Schmerz ließ sofort nach.

Plötzlich waren alle um Jakob versammelt. Behutsam und einfühlsam sprachen sie mit ihm, beruhigten ihn oder drückten ihr Bedauern aus. Dann kamen Chris und Peter mit einer großen Kiste, stellten sie vor Jakob auf den Boden und öffneten sie. Wolfram nahm ein Röhrchen heraus und schraubte es auf. «Das ist ein Bioenzym, das die verbrannten Hautzellen anhand deiner DNA nachbaut und ersetzt. Es dauert nicht lange und die Haut ist wieder wie vorher, versprochen, egal wie schlimm die Verbrennung ist. Und es enthält ein Narkotikum, das dir die akuten Schmerzen nimmt, ... aber vielleicht auch das Bewusstsein. Während er die Salbe auftrug, wurde Jakob ganz komisch ...

*

Als er wieder zu sich kam, lag er im Schnee auf dem letzten Stück der Treppe zum Schloss, vor dem Eisengittertor, das den Zugang zum Schloss versperrte. In Erwartung von Schmerzen blickte er auf seinen Unterarm: Er tat nicht mehr weh, war nur noch leicht gerötet. Er strich kurz über die verblassende Narbe, als es ihm plötzlich klar wurde: Er hatte den Beweis, dass er nicht geträumt hatte. Oh mein Gott. Erst jetzt konnte er wirklich glauben, dass alles echt war. Er sprang auf, vielleicht konnte man noch mehr Zugänge zu anderen Welten bauen, vielleicht gab es sie schon lange, man musste sie nur finden. Plötzlich hatte er viele Pläne. Er schnappte sich seine Tasche mit den beiden Büchern und seinen Papieren und lief die Treppe hinunter. Unten sah er noch einmal auf seinen Unterarm. War er wirklich rot? Er blieb stehen.

Er musste genau hinsehen, um einen Unterschied zu erkennen. Jetzt war er sich nicht mehr so sicher, ob es überhaupt einen Unterschied gab. Hatte er sich den Fleck nur eingebildet?

Verdammt, Wolframs Medizin war einfach zu gut.

11. Erstkontakt

Steven Cyrus starrte erschrocken auf die penetrant rot blinkende Lampe und versuchte, den nervtötenden Intervallton zu ignorieren. Die künstliche Intelligenz hatte einen Angriff entdeckt. Etwas, von dem er gehofft hatte, es nur in Übungssituationen zu erleben. Aber dies war keine Übung. Das Blinken und das an- und abschwellende Brummen galt ihm. Jetzt musste er entscheiden, was als nächstes passieren sollte.

Aber warum eigentlich? Was konnte er mehr über die Lage wissen als diese hochkomplexe KI, die aus allen Kanälen mit allen relevanten Informationen gefüttert wurde? Sie wertete nicht nur Satellitenbilder und Radardaten aus, sondern auch Geheimdienstberichte und sogar Zeitungsartikel. Wenn diese KI aufgrund all dieser Daten und trotz aller Sicherheitsvorkehrungen die Situation als Angriff bewertete, dann war es wohl auch ein Angriff. Und die Zickzacklinie über dem Pazifik auf seinem Bildschirm, die sich rasch der kalifornischen Küste näherte, sprach Bände. Die Spannungen zwischen Washington und Peking waren nicht erst seit dem Streit um die Schürfrechte für Helium 3 auf dem Mond eskaliert. Schon lange zuvor häuften sich Cyber-Angriffe auf Infrastruktur in den USA, die nach Peking zurückverfolgt werden konnten. Doch die pazifistischen KI-Forscher aus dem Silicon Valley beharrten darauf, dass die letzten Entscheidungen von Menschen getroffen werden müssten. Nicht einmal Drohnen dürften selbst entscheiden, ob sie einen Terroristen töten oder nicht. Dabei ist die künstliche Intelligenz längst so ausgereift, dass sie einen Terroristen erkennen kann. Wahrscheinlich besser als der Mensch, der am Ende die Entscheidung treffen musste.

Nun lag es an ihm, die Abwehrraketen zu starten und den Vergeltungsschlag gegen Peking freizugeben.

Schweiß brach ihm aus allen Poren, als er die Hand hob, um den Sicherheitsschalter auf Freigabe zu stellen. Er war es, der Millionen von Menschen in Asien töten würde. Nicht ein Computer. Er hasste diese Akademiker, die ihm diese Verantwortung aufgebürdet hatten. Er zögerte und schwankte, als sich alles um ihn herum zu drehen begann.

Sechs Jahre später:

Es war immer wieder beeindruckend, wie schnell sich die Wolken zu bewegen schienen, wenn man die Straße entlang ging. Und wie plötzlich sie stehen blieben, wenn man selbst stehen blieb. Steven ging die Häuserzeilen der nachgebauten bayerischen Stadt entlang und fröstelte leicht. Eben noch war er draußen in der 45 Grad heißen Wüstenluft gewesen, jetzt bewegte er sich durch die klimatisierte ewige blaue Stunde im Inneren des Hotels. Die Wolken waren hoch über den Häusern nur gemalt, was ihr seltsames Verhalten erklärte. Aber die Illusion war perfekt.

Eigentlich war er zu früh gekommen. Aber er war nicht so oft in Las Vegas, dass er nicht ein paar Stunden außerhalb des offiziellen Programms verbringen wollte, um sich die Hotels anzusehen und vielleicht sogar ein bisschen zu spielen.

Woher Lin Lang wusste, dass er früher angereist war, wusste er nicht. Aber er hatte sicher seine Quellen. Er wollte ihn treffen, bevor die «First Contact Conference» begann und er – Steven – seine Auszeichnung abholen sollte. Also hatten sie sich im Hotel Bayernhof verabredet.

Als Steven eintraf, war Lin Lang schon da und schlürfte eine Spargelcremesuppe, die wohl aus dem benachbarten Hochbeet stammte. Und das Brot, das er dazu aß, war bestimmt nicht aus Mehl, sondern aus Sojabohnen. Das war nicht nur billiger, sondern auch viel verträglicher für den Körper. Außerdem konnte es auch in einem Bioreaktor im Keller des Hauses hergestellt werden. Alles, was auf dem Speiseplan stand, war bayerisch und schmeckte sicher vorzüglich, aber es wurde auch in klimaneutralen Reaktoren gezüchtet. Vieles hat sich in den letzten Jahren verändert.

Der Tisch, an dem das Treffen stattfinden sollte, stand unter einem echten Kastanienbaum, wie es sich für einen bayerischen Biergarten gehört.

Steven erwiderte kurz die Verbeugung, die Lin Lang machte, als er ihn kommen sah und aufstand, und nahm dann ebenfalls Platz. Lin Lang empfahl ihm die Spargelcremesuppe, die, wie er betonte, hervorragend schmeckte. Doch Steven entschied sich für das Brezn-Frühstück. Vor zwölf Jahren hatte ihn das Reisefieber seiner damaligen Lebensgefährtin nach Bayern verschlagen, und er erinnerte sich noch gut an all die kulinarischen Spezialitäten, die ihn damals überzeugt hatten. Nachdem er bestellt hatte, kam Lin Lang – ganz untypisch für einen Asiaten, aber vielleicht war das auch nur ein Vorurteil – gleich zur Sache: «Mr. Cyrus, mich würde interessieren, warum Sie damals keine Freigabe erteilt haben.» Steven bedankte sich kurz bei der Kellnerin, die ihm sein Bier auf den Tisch gestellt hatte, und wandte sich dann wieder seinem Tischnachbarn zu: «Das haben mich in den letzten sechs Jahren schon viele gefragt. «Ja», sagte Li, «und niemand hat eine Antwort bekommen.» Dabei sah er Steven eindringlich an. «Wissen Sie, ich frage nicht nur aus persönlichem Interesse. Ich bin KI-Entwickler und versuche, diese künstlichen Intelligenzen zu verbessern. Damals hat Ihre KI aus allen Daten eindeutig einen Angriff aus Peking herausgelesen. Und man konnte nicht wissen, dass die Radardaten von den Drohnen der Aliens kamen und nicht von den chinesischen Atomraketen, und man konnte auch nicht wissen, dass die Satellitenausfälle durch deren Mikrowellenantrieb verursacht wurden und nicht durch einen Cyberangriff aus Asien. Die Ankunft der Kontaktdrohnen einer außerirdischen Zivilisation von Alpha Centauri lag so weit außerhalb aller vorhersehbaren Daten, dass es für die KI unmöglich war, die richtigen Schlüsse zu ziehen. Aber warum haben Sie damals die Abwehrmaßnahmen nicht freigegeben? Für Sie waren die Fakten nicht weniger außergewöhnlich und damit fern jeder Erwartung. Woher wussten Sie, dass mit der KI-Analyse etwas nicht stimmte?»

Steven trank einen Schluck Bier, bevor er antwortete: «Darüber möchte ich nicht sprechen.»

Lin Lang sah ihn lange an, dann beugte er sich vor und sagte: «Wissen Sie was? Ich erzähle Ihnen eine Geschichte, und Sie erzählen mir dann auch eine, wenn Sie wollen.» Er wartete nicht ab, ob Steven dem Vorschlag zustimmte oder nicht, sondern fuhr einfach fort: «Am 5. Oktober 1957 wurde auf der Sternwarte der Volkshochschule in Bochum ein Funksignal aufgefangen. Nichts Spektakuläres, nur ein kleines Piepen, das sich ständig wiederholte. Das Beunruhigende daran: Es kam aus der Erdumlaufbahn. Die UdSSR hatte den Sputnik ins All geschossen. Der gesamte militärische Schutzschild der USA schien mit einem Schlag nutzlos. Dies wurde später als Sputnik-Schock bezeichnet. Als Folge dieses Schocks wurde die NASA gegründet. Die Sache wurde nicht einfacher, als am 12. April 1961 Juri Gagarin als erster Mensch ins All flog. Kein Amerikaner, sondern ein Russe. Das veranlasste John F. Kennedy, den Amerikanern zu versprechen, noch in diesem Jahrzehnt einen Menschen auf den Mond zu schicken. Nicht weil es leicht sei, wie er sagte, sondern weil es schwer sei und die Menschheit voranbringen würde. Dass Kennedy einem Attentat zum Opfer fiel, dürfte dieses Versprechen für Ihr Land noch verbindlicher gemacht haben. Die Kränkung durch den Sputnik war so groß, dass die USA trotz der Wirren des Vietnamkrieges an diesem ‚Moon-Shot-Programm' festhielten und am 20. Juli 1969 mit Neil Armstrong das Versprechen Kennedys einlösen konnten. Und auch Kennedy behielt Recht mit seiner Vorstellung, dass dies die Menschheit voranbringen würde. Im Rahmen des Moon-Shot-Programms wurden Computerchips entwickelt und viele Firmen gegründet. Und ausnahmslos jedes SiliconValley-Start-up der letzten 20 Jahre kann seine Wurzeln bis zur NASA in den 1960er Jahren zurückverfolgen. Ohne die technologischen Innovationen von damals hätte es das alles nicht gegeben. Auch nicht Googles DeepMind.

Und damit komme ich zum Punkt: China hatte seinen eigenen Sputnik-Schock.» Er machte eine kleine Kunstpause und lehnte sich zurück. Doch dann kam er sofort wieder nach vorne und sprach weiter: «In ganz Asien ist das Spiel GO eine der größten kulturellen Errungenschaften. Jeder spielt GO. Man lernt es schon in der Schule. Es ist nicht zu vergleichen mit Schach im Westen. Es geht viel tiefer. GO ist Kunst, kein Spiel, kein Sport. GO ist Kultur, GO ist die Identität Asiens.

Man kann es nicht nur mit Logik spielen. Ja, man muss intelligent sein, aber das reicht nicht. Schach ist im Vergleich zu GO leicht berechenbar. Die Anzahl der möglichen Züge beim GO ist größer als die Anzahl der Atome im Universum. Intelligenz spielt an der Oberfläche. Aber für die längerfristigen Strategien, die man zum Gewinnen braucht, spielt man mit Intuition. Das ist die Kunst des GO. Und das Selbstverständnis asiatischer Kulturen beruht auf der Gewissheit, dass wir Logik und Intuition miteinander verbinden können. Es gibt einige Gewissheiten über GO. Zum Beispiel ist es eine kurzfristige Strategie, die dritte Randlinie zu besetzen, und eine längerfristige Strategie, die vierte Randlinie zu besetzen. Die dritte Randlinie erfordert viel logisches Kalkül und intellektuelles Verständnis. Um die vierte Randlinie zu bespielen, braucht man dagegen eine gute Intuition. Doch am 12. März 2016 setzte die amerikanische künstliche Intelligenz AlphaGO – von Googles DeepMind – im Spiel gegen den weltbesten professionellen GO-Spieler Lee Sedol im 19. Zug einen Stein auf die fünfte Randlinie. Ein Zug, der nach menschlichem Ermessen idiotisch und sinnlos erschien, sich am Ende aber als der entscheidende herausstellte, mit dem das Programm den Weltmeister zum dritten Mal besiegte. Ein strategischer Schachzug, der nur mit einer tiefen Intuition zu erklären ist. Eine Intuition, die die menschliche übersteigt. Jahrtausende asiatischer Kultur durch ein Computerprogramm gedemütigt.

Das war der Sputnik-Schock für China. Das Äquivalent zu Juri Gagarin war ein halbes Jahr später das Programm AlphaZero, das in 100 von 100 Spielen das Programm AlphaGO schlug, das zuvor in vier von fünf Spielen den besten Menschen geschlagen hatte. Asien war geschockt. Das führte dazu, dass Peking in seinem Fünfjahresplan 300 Milliarden Dollar für die Entwicklung künstlicher Intelligenz zur Verfügung stellte. Wir mussten die beste KI haben, um diese Schmach wettzumachen. Das war unser Moonshot-Programm. Lin Lang lehnte sich zurück. Für einen Moment war es still am Tisch. Dann hakte er kurz nach: «Verstehen Sie jetzt, warum ich wissen muss, warum Ihre Intuition besser war als die geballte Kraft einer Künstlichen Intelligenz?»

Steven schwieg. Er nahm einen weiteren Schluck aus seinem Bierglas und sagte schließlich: «Okay, ich werde Ihnen sagen, woran ich mich erinnere. Ich weiß nicht, ob es Ihnen hilft, aber ich würde Sie bitten, darüber Stillschweigen zu bewahren. Die Erlebnisse passen nicht zu meiner physikalischen Ausbildung».

Lin Lang nickte nur kurz.

Sechs Jahre zuvor:

Schweiß brach ihm aus allen Poren, als er die Hand hob, um den Sicherheitsschalter auf Freigabe zu stellen. Er war es, der Millionen von Menschen in Asien töten würde. Nicht ein Computer. Er hasste diese Akademiker, die ihm diese Verantwortung aufgebürdet hatten. Er zögerte und schwankte, als sich alles um ihn herum zu drehen begann.

Als er wieder klarer sehen konnte, fiel sein Blick auf das Thermometer: 45 Grad.

Es war stickig und eng.

Die Männer um ihn herum – woher kamen die plötzlich? – waren alle aufgeregt und sprachen, wie er bemerkte, Russisch. Trotzdem verstand er jedes Wort.

Er war verwirrt, bis plötzlich wie aus einem Nebel die Erinnerung auftauchte: Er war auf dem Begleit-U-Boot B-59, das die Stationierung der russischen Atomraketen auf Kuba sichern sollte.

Doch ein technischer Defekt hatte die Kommunikation mit Moskau seit zehn Tagen unterbrochen und sie in die Isolation getrieben. Auch die Luftversorgung fiel zeitweise aus, und einige Männer waren wegen der hohen CO2-Konzentration bereits in Ohnmacht gefallen.

Jetzt, am 27. Oktober 1962, wurden sie offenbar mit Wasserbomben angegriffen. Sie wussten nicht, ob über der Wasseroberfläche nicht längst ein Atomkrieg ausgebrochen war. Die Explosionen rund um das Schiff schienen dies zu bestätigen. Der Bootskommandant und der Politoffizier hatten dem Einsatz des Atomtorpedos zur Selbstverteidigung bereits zugestimmt. Sie warteten nur noch auf seine Zustimmung. Wassilis Zustimmung.

Aber er erinnerte sich an seinen Vater, der ihm immer wieder Schallplatten mit amerikanischen Wiegenliedern vorgespielt hatte. Lieder, die amerikanische Väter und Mütter ihren Kindern vorsangen, wenn sie sie in den Schlaf wiegten. Das waren Menschen, und sie liebten ihre Kinder. Was wussten sie hier, so weit unter Wasser, von dem, was da oben geschah? Wenn der Krieg schon im Gange war, war ihr Einsatz vielleicht nicht mehr entscheidend, aber wenn nicht, dann waren sie die Ursache für ein Omnizid, für die Auslöschung der menschlichen Rasse. Also sagte Wassili am 27. Oktober 1962 «Nein» zum Einsatz des Atomtorpedos.

Steven schwankte und hatte Mühe, sich auf den Beinen zu halten. Seine Hand schwebte immer noch über dem Sicherheitsschalter. Was war hier passiert? War das irgendwie metaphysisch? Oder wie sonst sollte er sich diese Visionen erklären?

Wie unter einem Wiederholungszwang kehrte eine weitere Vision zurück, diesmal zeigte der Kalender den 26. September

1983. Der Sommer war kalendarisch gerade zu Ende gegangen, aber das Wetter war immer noch heiß.

Steven erkannte deutlich, dass sein Name jetzt Stanislaw war. Er stand vor dem Kontrollraum eines Frühwarnsystems und hatte den Alarm eines Satelliten vor sich, der fünf amerikanische Interkontinentalraketen im Anflug auf Moskau meldete. Er musste die Meldung weiterleiten, wenn es sich nicht um einen Fehlalarm handelte. Doch nichts deutete auf einen Fehlalarm hin. Stanislaw wusste, dass seine Entscheidung einen Atomkrieg auslösen würde. War der Alarm gerechtfertigt? Das wusste er nicht. Aber warum sollten die Amerikaner einen Krieg beginnen, den niemand gewinnen konnte? Aus einer spontanen Eingebung heraus entschied er sich, «Fehlalarm» zu melden. Wie sich später herausstellte, hatte der Satellit aufgrund eines Softwarefehlers den Sonnenaufgang und einige Reflexionen in den Wolken als Raketenstarts interpretiert.

Steven kam zu sich und zog erschrocken seine Hand zurück. Wie konnte er es verantworten, dass die Welt in einem nuklearen Inferno versank? Selbst wenn China angriff, hatte er das Recht, die Menschheit auszulöschen? Entschlossen setzte er sich an die Tastatur und schrieb: «Fehlalarm! Keine Freigabe!»

Sechs Jahre später:

Lin Lang saß lange schweigend da und starrte in seine leere Suppenschüssel. Steven versuchte, in seinem Gesicht zu lesen. Wo blieb das erwartete ungläubige Kopfschütteln, das spöttische Lächeln? Oder siegte auch hier die asiatische Höflichkeit über solche Regungen des souveränen Intellekts?

«Ja», sagte Lin Lang plötzlich zu Stevens' Überraschung, «das ist es, worüber ich schon lange nachdenke. Es gibt eine menschliche Komponente, die wir mit herkömmlicher Hardware nicht reproduzieren können. Eine Art Resonanz zwischen Menschen, die sich in ähnlichen Notsituationen befinden. Das macht sie zu Seelenverwandten. Es ist gut, dass Menschen die letzten Entscheidungen treffen. Vielleicht können wir in Zukunft eine KI mit ähnlichen Eigenschaften erschaffen, wenn wir sie auf Quantencomputern laufen lassen. Aber bis dahin ist die menschliche Intuition vielleicht unsere einzige Überlebensgarantie.»

Am nächsten Tag ging Steven zur Eröffnungszeremonie der Erstkontaktkonferenz, wo er seine Auszeichnung erhalten sollte. Er saß in der ersten Reihe und wartete auf das, was kommen würde. Doch nach dem Gespräch mit Li Lang am Vortag hatte sich etwas in ihm verändert. Mit neu gewonnener rationaler Entschlossenheit für das Irrationale hatte er seine eigenen Zweifel an seiner damaligen Entscheidung endgültig beiseite gewischt.

Nach einigen leidenschaftslosen Einführungs-, Begrüßungs- und Dankesreden kam man endlich zum Programmpunkt seiner Ehrung und ein Laudator erläuterte kurz den Hintergrund dieser Erstkontaktkonferenz.

«... Dieser erste Kontakt mit Außerirdischen vor sechs Jahren hätte unser aller Ende sein können. Aber dank der richtigen Intuition von Steven Cyrus, der die richtigen Prioritäten setzte und sich gegen den Vorschlag einer künstlichen Intelligenz entschied, wurde dieser Tag stattdessen zum Beginn der Vereinigung der Menschheit in Frieden und freundschaftlicher Zusammenarbeit. Diese KI war – wie wir heute wissen – unter den Prämissen einer traumatisierten und paranoiden Menschheit falsch programmiert. Doch Steven Cyrus verweigerte die Freigabe für einen atomaren Vergeltungsschlag und rettete damit nicht nur die Menschheit vor dem Untergang, sondern ermöglichte uns auch die Kommunikation mit Alpha Centauri. Von den Botschafter-KIs der Drohnen konnten wir bereits viel über deren Kultur erfahren und in etwa drei Jahren erwarten wir die erste Antwort auf unseren Funkkontakt. Das alles verdanken wir vor allem ihm.

Mister Steven Cyrus, darf ich Sie auf die Bühne bitten?»

Unter dem Applaus der Anwesenden stieg Steven leichtfüßig die wenigen Stufen zur Bühne hinauf, ließ sich das Ehrenband um den Hals legen, trat schließlich hinter das Rednerpult und begann seine Dankesrede: «Ich nehme diese Auszeichnung gerne an. Aber nicht für mich. Sondern für all die vergessenen Menschen, die lange vor mir ähnliche Entscheidungen getroffen haben. Beispielhaft möchte ich Wassili Alexandrowitsch Archipow und Stanislaw Jewgrafowitsch Petrow nennen. Ohne sie wären wir alle heute nicht hier.»

12. Verpasste Utopie

Als Michael wieder zu sich kam, spürte er einen sanften, warmen Nieselregen auf seiner nackten Haut und ein weiches Plastikpolster unter sich. Orientierungslos versuchte er, sich aufzurichten. Zu schnell, wie er gleich feststellen musste, denn sofort überkam ihn eine heftige Übelkeit. So blieb er liegen und betrachtete den Raum, in dem er sich befand. Ein kleiner Raum, der vollständig mit weißem, abwaschbarem Kunststoff ausgekleidet war, aus dessen dicht gepackten Poren ein beständiger Sprühnebel aus warmem Wasser auf ihn niederprasselte.

Dann kehrte die Erinnerung zurück. Er hatte die Eskapaden seines Körpers, die ihn in diese Krankenzelle gezwungen hatten, völlig vergessen. Er war auf dem Weg zum Mars. Was sein Körpergewicht auf den Polsterboden drückte, war keine echte Schwerkraft, sondern die Zentrifugalkraft der Rotation des Schiffstorus. Deshalb wurde ihm übel, als er sich aufrichten wollte. Die Corioliskraft der Drehung verursacht, wenn man sich entweder zu schnell dem Zentrum der Drehung nähert, wie es beim unvorsichtigen Aufstehen der Fall ist, oder wenn man sich parallel zur Drehachse bewegt, eine Reizung des Vestibularorgans im Innenohr. Die Folge ist – ähnlich wie bei der Seekrankheit oder der Weltraumkrankheit – eine Irritation des Gleichgewichtssinns, da die Sinneseindrücke des Auges nicht mit denen der Beschleunigungssensoren des Innenohrs zusammenpassen. Da der Körper auf diese Irritation evolutionär nicht eingestellt ist, interpretiert er sie als Vergiftung und beginnt, den gesamten Verdauungstrakt nach beiden Seiten zu entleeren, um sich von den Giftstoffen zu befreien. Aus diesem Grund war diese Zelle vollständig mit weichem Kunststoff ausgekleidet, und der ständige Wasserfluss sorgte nicht nur für die äußere Reinigung seines Körpers und der Zelle, sondern diente auch dazu, ihn vor dem Austrocknen zu bewahren. Die Reinigungsflüssigkeit war außerdem mit Beruhigungsmittel angereichert, die durch ihre nervenschützende Wirkung die Gelassenheit förderten.

Michael richtete sich ganz langsam auf, um der Corioliskraft die Wirkung zu nehmen. Es gelang, ohne dass ihm gleich wieder übel wurde. Vorsichtig drehte er den Kopf. Zu schnelle Drehungen irritieren auch das Gleichgewichtsorgan. Immerhin rotierte der äußere Rand des Torus mit 26 Stundenkilometern zweimal pro Minute um den 35 Meter entfernten Mittelpunkt des Schiffes. Das war nicht so schlimm wie eine Achterbahnfahrt im Vergnügungspark, aber auch nicht gar nichts. Die ständige Kreisbewegung war eine körperliche Belastung, an die man sich erst gewöhnen musste. Aber wenigstens konnten sich die Knochen während des 33-monatigen Fluges zum Mars nicht zurückbilden. Man musste eben Kompromisse eingehen. Durch die Ausdehnung des Torus konnte aber nur die halbe Schwerkraft der Erde erzeugt werden, so dass trotzdem zusätzliche Medikamente zur Stärkung der Knochen und Gelenke eingenommen werden mussten. Ja, man musste Kompromisse eingehen, wie in allen Bereichen des Lebens. Auch er hatte einen Kompromiss eingehen müssen, um hierher zu gelangen. Ein schlechtes Gewissen hatte er deshalb aber nicht.

«Kompromisse eben», dachte Michael und stand vorsichtig auf. Auf seinem Weg durch den Raum wollte er die Drehachse des Wohntorus erkunden. Ging man mit der Drehrichtung, hatte man das Gefühl, nach oben zu gehen. Ging man gegen die Drehrichtung, ging man abwärts, obwohl der gesamte Boden zum Zentrum hin eben war. Das war eine der Besonderheiten der künstlichen Schwerkraft. Nach kurzer Zeit wusste er, in welche Richtung er sich vorsichtiger bewegen musste, um nicht wieder die Rotationskrankheit zu bekommen.

Andere in seiner Situation hätten vielleicht Skrupel gehabt. Schließlich hatte er lügen müssen, um einen Platz für den Flug zum Mars zu bekommen. Das Fälschen der Papiere war teuer, denn in seinem Alter hätte er den Flug aus gesundheitlichen Gründen gar nicht antreten dürfen. Und er hatte einem anderen den Platz weggenommen. Das wären genug Gründe gewesen, ein schlechtes Gewissen zu haben. Hinzu kam, dass er bereits zum dritten Mal von der Rotationskrankheit heimgesucht worden war. War das nicht ein untrügliches Zeichen dafür, dass er hier fehl am Platz war? Doch eine Mischung aus Frustration und Zielstrebigkeit ließ ihm jedes Mittel recht erscheinen, um dieses Ticket zum Mars zu ergattern. Er hatte eine besondere Mission.

Jahrelang hatte er mit anderen an einer Simulation der menschlichen Gesellschaft gearbeitet. Als das Thema Klimawandel immer mehr in den Blickpunkt des öffentlichen Interesses rückte, waren sie längst in der Lage, ein mehrdimensionales Hologramm der Gesamtsituation und verschiedene Interpolationen in die Zukunft darzustellen. Damit waren sie an alle Regierungsvertreter herangetreten, ob sie es wollten oder nicht. Es war eine wahre Odyssee gewesen, mit dem Endeffekt, als hätten sie Postkarten an den Weihnachtsmann geschrieben.

Niemand schien sich für ihre Prognosen zu interessieren. Aber das war natürlich nicht der Fall. Alle hatten die Botschaft verstanden. Schließlich war sie eindeutig. Sie hatten deutlich gemacht, dass die Effizienz der Gesellschaft zu Beginn der Industrialisierung bei 3% lag und im Laufe der Jahrhunderte auf 14% gestiegen war. Das hieß, dass am Anfang des 21. Jahrhunderts immer noch 86% der eingesetzten Energie durch Umwandlungsprozesse verloren gingen. Dies konnte aus physikalischen Gründen nicht anders sein, da die Wirtschaft auf Verbrennung, Explosionsenergie und Verdrängung beruhte. Die Grenze des Wirkungsgrades solcher Prozesse lag eben bei 14%. Das war das Optimum. Doch nun brach ein neues Zeitalter an. Das Zeitalter der Elektrifizierung. Und sie konnten mit ihrer Simulation eindeutig nachweisen, dass damit ein Wirkungsgrad von bis zu 60% möglich war. Im Klartext hieß das: Im Jahr 2014 lag der weltweite Gesamtenergiebedarf bei 140 PWh. Das waren durchschnittlich 20 MWh pro Person und Jahr. Allerdings ziemlich ungerecht verteilt. Ein Mensch in den USA hatte für seinen Wohlstand 87 MWh zur Verfügung, ein Mensch in Europa immerhin noch 40 MWh, während die meisten Ärmsten leer ausgingen. Die technologische Transformation der Wirtschaft würde es aber ermöglichen, dass alle Menschen – und man ging damals auch davon aus, dass es mehr als 10 Milliarden sein würden – dass alle diese Menschen einen Wohlstand auf europäischem Niveau haben könnten, mit einem Energieverbrauch, der halb so hoch ist wie der von 2014.

Michael beendete seinen Rundgang durch seine Plastikzelle und setzte sich wieder. Vorsichtig und mit einem leisen Stöhnen, dass nur ja diese Rotationskrankheit nicht wieder schlimmer wird.

Die Botschaft war klar und wurde verstanden. Aber auch die Begleitumstände wurden gesehen: Der Übergang würde einen Verlust an politischer und wirtschaftlicher Macht bedeuten. Er war mit einer erdrutschartigen Umstrukturierung der Finanzströme verbunden. Die Energiewirtschaft war der größte und umsatzstärkste Wirtschaftszweig, und viele bilaterale Beziehungen hingen existenziell von den wirtschaftlichen Konventionen dieser über Generationen gewachsenen Verträge ab. Niemand wollte riskieren, diese Struktur durch Dezentralisierung und Demokratisierung ins Chaos zu stürzen. Sie hatten mit ihren Analysen von Anfang an keine Chance, zu den Verantwortlichen durchzudringen, weil sie keinen Masterplan vorweisen konnten, wie diese Umstrukturierung der Wirtschaft ohne Entmachtung der bisher Mächtigen erfolgen sollte.

Also ignorierte man sie und suchte stattdessen nach Auswegen, wie diese Strukturen und die sie stützenden Finanzströme trotz der globalen Klimakrise aufrechterhalten werden könnten. Die Idee hieß schließlich «Wasserstoff». Das war auch medial gut vermittelbar. Ein Treibstoff, der statt Stickoxiden, CO2 und Feinstaub nur Wasserdampf freisetzt.

Das klang grün, das klang neu,
es klang nach technologischer Innovation.

Man produzierte ihn dort, wo bisher das Erdöl herkam, und nutzte die gleiche Infrastruktur, die bereits für die Verteilung des alten Treibstoffs aufgebaut worden war. Man hielt am Prinzip der Verbrennung fest und nahm in Kauf, dass der Wirkungsgrad nicht von 14% auf 60% stieg, sondern auf 10% sank. Mit allen wirtschaftlichen und sozialen Konsequenzen für die Weltbevölkerung. Man hatte einen Weg gefunden, etwas zu ändern, ohne etwas zu ändern. Die Profiteure des Systems blieben dieselben.

Das war für Michael damals der Grund für seine innere Kündigung. Er konnte den Glaubensdogmen des Mainstreams nicht mehr folgen. Schließlich gehörte er zu denen, die das Gegenteil beweisen konnten. Er verweigerte dem politisch-industriellen Komplex die weitere Zusammenarbeit. Und viele seiner Mitstreiter taten es ihm gleich. Doch den Menschen wurde diese Lösung des Klimawandels als alternativlos verkauft. Die dafür angeblich notwendige Atomenergie – mit erneuerbaren Energien war die fünffache Energiemenge, die man für diesen Umbau brauchte, nicht zu erzeugen, wie behauptet wurde – lieferte die nötigen

Ausreden für eine umfassende Überwachung und die dafür notwendige Sicherheitsinfrastruktur. Die Welt blieb, wie sie war. Ineffizient und ungerecht.

Das war nicht mehr seine Welt. Er hatte Utopien. Er brauchte eine andere Welt und wollte auf dem Mars aktiv daran mitarbeiten, diese Welt zu schaffen.

Aber er musste vorsichtig sein. Jedes Mal, wenn er an der Rotationskrankheit erkrankte, bestand die Gefahr, dass jemand sein Geheimnis entdeckte. Ohne sich wehren zu können, wurde er all seiner Habseligkeiten beraubt, um nackt in der Rotationskrankheitszelle zu genesen. Der Speicherstick mit den Druckdateien für die Möbel, die auf dem Mars mit einem 3D-Drucker für seine Wohnräume hergestellt werden sollten, war in dieser Zeit für jeden ungeschützt zugänglich. Auch wenn es unwahrscheinlich war, dass jemand etwas an den Dateien finden würde, wollte er diese Unsicherheit vermeiden.

Vorsichtig stand er auf und sagte: «Computer! Ich bin wieder in Ordnung, bitte öffne jetzt die Zellentür.» Mit einem leisen Zischen schwenkte ein Teil der Polsterung an der Wand zurück und gab den Weg in die Wohnräume des Rotationstorus frei.

Zum Glück musste er für den Rest des Fluges nicht mehr in die Regenerationszelle. So vergingen die Monate. Und schließlich landete er auf dem Mars.

Es gab keine Sicherheitskontrollen, er hatte alle Formalitäten auf der Erde erledigt, und Waffen waren auf dem Mars ohnehin verboten. Es gab keine feindliche Natur, die als Vorwand für den Waffenbesitz hätte dienen können.

Er wurde als neues Mitglied der Kolonie herzlich aufgenommen. Und obwohl ihm die Sponsorenlogos von SHELL und EXXON nicht entgingen, was ihn einige Kraft kostete, seinen Ärger zu unterdrücken, verlief die Eingewöhnungsphase in einem beruhigenden rituellen Rhythmus.

Nachdem ihm eine Wohneinheit zugewiesen worden war, begab er sich in die automatisierte Produktionshalle und legte seinen Speicherstick auf die Farbfläche der ihm zugewiesenen Produktionslinie. Kurz darauf begleitete ihn ein Lastenroboter zurück zur Wohnkuppel, wo andere Roboter nach seinen Anweisungen und ihren internen Plänen seine Räume einrichteten. Dann war er wieder allein. Der nächste Termin war erst am nächsten Tag eine Informationsveranstaltung für neue Kolonisten mit einer Begrüßung der Neuankömmlinge durch die Konzernsprecher der Sponsorfirmen und die politische Führung der Kolonie.

Jetzt hatte er Zeit. Also trat er zur Wand, an welche die Roboter gerade das Bild eines Sonnenuntergangs in den Alpen aufgehängt hatten, mit einem komplex und fein verzierten Bilderrahmen, wie er nur durch 3D-Druck möglich war. Er nahm es wieder ab und begann die Verzierungen des Rahmens in kleine, skurrile Stückchen auseinanderzubrechen, legte manche davon farblich abgestimmt nebeneinander und warf den Rest auf den Boden. Danach setzte er die Stücke neu zusammen, bis er den modernen Nachbau einer Kalaschnikow in den Händen hielt. Die Patronen würde er mit entsprechenden Chemikalien aus der Roboterküche befüllen und dann konnte die Utopie realisiert werden. Die anderen hatten nur noch auf ihn gewartet. Er war der Letzte. Mit ihm war die Truppe «Gerechte Elite» der Neuen Welt endlich vollzählig.

13. Neulich in Francescos Laden

Scheiße, das Wetter konnte sich nicht entscheiden, ob es regnen oder schneien sollte. Michael schlug den Kragen hoch, zog die Jacke enger und bog um die nächste Ecke. Der Wind blies ihm eiskalt um die Ohren. So jedenfalls hatte sich das Wetter entschieden.

Er hatte noch fast zwei Stunden bis zu seinem nächsten Termin. Was sollte er mit dieser Zeit anfangen? Im Freien wollte er sie jedenfalls nicht verbringen. Er könnte zu Francesco gehen. Dort war er schon lange nicht mehr gewesen.

Als er sich dem Laden näherte, sah er schon von außen, dass zwei der fünf Stühle vor der Spiegelwand besetzt waren. Sie saßen bequem zurückgelehnt, ihre Kleidung war mit einem weißen Tuch bedeckt und ihre Köpfe steckten in Plastikhauben. Obwohl noch drei Stühle frei waren, saßen zwei Männer an der gegenüberliegenden Wand und warteten. «Hoffentlich dauert es nicht zu lange», dachte er und öffnete die Tür.

Unnötigerweise ertönte die elektronische Türklingel, als Francesco, wie immer in grellbuntem Outfit und mit rabenschwarz gefärbten, hochgegelten Haaren, bereits mit offenen Armen auf ihn zukam. «Herr Miller! Schön, dass Sie da sind! Schön, dass Sie uns wieder einmal beehren. Setzen Sie sich doch», sagte er, drehte einen der freien Stühle vor dem Spiegel um und klopfte nicht vorhandene Krümel von der Sitzfläche. Mit einer andeutenden Geste zu den wartenden Männern sagte Michael: «Bin ich schon dran?»

Doch einer der Männer winkte sofort ab und sagte: «Wir sind schon fertig. Wir warten nur noch auf besseres Wetter.»

Also setzte er sich auf den Stuhl, den Francesco ihm hingestellt hatte, und ließ sich zum Spiegel drehen. «Was darf es denn heute sein?», fragte er und schaute ihn durch den Spiegel an. «Ich hätte gerne ‚Frühlingsgefühle'.» «Eine gute Wahl bei dem Wetter.» Francesco deutete mit dem Kopf zum Fenster und zwinkerte. Dann drehte er sich um und rief durch den Laden: «Jacqueline? Machst du mir bitte einmal ‚Frühlingsgefühle' für Herrn Miller fertig?» Michael zuckte zusammen. «Müller», sagte er, «ich heiße Müller.» Er ärgerte sich über Francesco. Musste er das so laut durch den ganzen Laden brüllen? Verstohlen blickte er zu den beiden Männern in den Wartestühlen. Sie reagierten nicht, obwohl Michael ein leichtes Zucken in den Mundwinkeln des einen zu sehen glaubte, als wolle er gleich loslachen. Aber vielleicht bildete er sich das nur ein. Jedenfalls hielten sie ihn jetzt bestimmt für ein Weichei, einen Warmduscher. Er hätte kein Problem damit gehabt, wenn er ‚Sexsucht' oder vielleicht ‚Mordlust' bestellt hätte, aber ausgerechnet bei ‚Frühlingsgefühlen' musste Francesco so indiskret sein. Er wusste nicht, ob er sich gerade mehr ärgerte oder mehr schämte, als Francesco sich wieder zu ihm umdrehte. «Es wird eine Weile dauern, bis das fertig ist. Möchten Sie in der Zwischenzeit etwas trinken, Mister Miller? Einen Cappuccino vielleicht?»

«Ja gerne.»

«Manuela, machst du mir bitte einen Cappuccino für Mister Miller?»

«Müller», sagte Michael, «ich heiße Müller.»

Francesco bückte sich und nahm ein weißes Laken aus dem Regal unter dem Spiegel. Er schüttelte es aus, breitete es über Michaels Kleidung aus und als er es an seinem Hals fixierte, kam er ganz nah und begann zu flüstern. So viel Diskretion hätte sich Michael gewünscht, als er den Auftrag erteilt hatte.

«Als Sie das letzte Mal hier waren, haben Sie doch ‚Todessehnsucht' bestellt, oder?»

«Ja. Warum?»

«Und wie ging es Ihnen danach? War alles in Ordnung? Hatten sie irgendwelche Echos?»

«Nein, es war alles in Ordnung. Alles war wie immer.»

Manuela kam mit einer dampfenden Tasse Cappuccino in den Händen zurück ins Zimmer und stellte sie neben Michael auf die kleine Ablagefläche. «Danke», sagte Michael, lächelte Manuela kurz an und nahm die Tasse in die Hand.

«Oh, das freut mich. Francesco war sichtlich erleichtert. «Das ist schön zu hören. Weil, wissen Sie, mein Cousin hat unten im Süden auch einen Laden und da hatte einer auch ‚Todessehnsucht' bestellt. Der hat aber Echobilder bekommen und bei der nächsten Sitzung ist er nicht mehr aufgewacht. Das muss man sich mal vorstellen: Der ist einfach bis heute nicht mehr aufgewacht. Man vermutete eine verunreinigte Hormonpatrone und rief die ganze Charge zurück. Gott sei Dank ist das eine Emotion, die sich sowieso nicht so gut verkauft hat. Aber ich habe trotzdem nachgesehen. Ihre Patrone hatte eine andere Chargennummer. Zur Sicherheit wollte ich trotzdem nachfragen. Schrecklich das Ganze, wirklich schrecklich».

Michael überlegte. Die Gefahr, aus einer virtuellen Realität nicht mehr aufwachen zu können, war ihm noch nie bewusst gewesen. «Das ist wirklich schlimm», sagte er zu Francesco. «Schon, oder?», antwortete dieser und nickte eifrig. «Das finde ich auch. Mein Cousin hat so viel Geld in den Laden gesteckt und jetzt ist er ruiniert. Da kommt keiner mehr hin, wenn dir das passiert. Sein ganzes Vermögen ist weg. Die Familie ist pleite. Nur wegen so einem Typen, der beschließt, nicht mehr aufzuwachen.»

Michael war etwas überrascht von Francescos Perspektive, und um nicht sofort reagieren zu müssen, trank er erst einmal seinen Cappuccino. Die Tasse war klein und schnell leer. Aber das machte nichts, denn der Kaffee war bitter. «Kann ich ein Glas Wasser dazu haben?»

«Manuela», schrie Francesco durch den Raum. «Wie oft muss ich dir noch sagen, dass zum Kaffee ein Glas Wasser gehört? Herr Miller ist ein kultivierter Mensch. Er trinkt seinen Kaffee immer mit einem Schluck Wasser.»

Nun kam auch Jaqueline wieder aus dem Hinterzimmer und begann, die Hormonpatrone an die Nasendüsen anzuschließen, von wo aus die Hormone über die Nasenschleimhaut direkt ins Gehirn gelangen konnten. Dann riss sie eine eingeschweißte Speicherkarte auf, die die absolute Individualität des Trips garantieren sollte, und steckte sie in das Simultan-Emotions-und-Reflex-Transmissions-Interface, kurz: in die SERT-Haube. Francesco stellte sich nun zwischen ihn und den Spiegel, um die vorgeschriebene offizielle Belehrung zu halten. Er trug sie immer wie ein Gedicht vor. Zeile für Zeile las er sie vor. Von Eigenverantwortung war da die Rede und von Gefahrenhinweisen, von Gesundheitsschäden und Haftungsausschluss. Bisher hatte er dem nie die geringste Beachtung geschenkt. Aber heute erschien ihm die Zeremonie doch etwas unheimlich. Am Ende fragte ihn Francesco, ob er alles verstanden habe und einverstanden sei. Er musste mit einem lauten und deutlichen Ja» antworten. Diese Audiosequenz verschwand dann – hoffentlich auf Nimmerwiedersehen – im Archiv. Nun kam die Einweisung in die einzelnen Regeln. «Wie immer», sagte Francesco, «ist Ihr Codewort für den Ausgang ‚Kristallkugel'. Zu Ihrer Sicherheit finden Sie eine solche Kristallkugel in Ihrer Jackentasche, die Sie an das Codewort erinnert, falls Sie es vergessen haben sollten. Haben Sie das verstanden?

«Mein Codewort ist ‚Kristallkugel'», sagte Michael gehorsam wie vorgeschrieben. Es gehörte zum Ritual. Francesco nickte zufrieden, öffnete den Hebel der Hormonpatrone und drückte auf den Startknopf der SERT-Haube. «Viel Spaß, Mr. Miller.»

Fast augenblicklich durchströmte ihn ein wohliges Gefühl in der Bauchgegend und versetzte ihn in freudige Erwartung. Er befand sich auf einer sonnendurchfluteten Waldlichtung. Der sanfte Wind trug den Duft der Blumen herüber und alles war erfüllt vom Gesang der Vögel. Er schaute sich um und sah einen Bienenstock am Waldrand. Er ging darauf zu. Er erwartete, dass bald eine junge Frau auf der Lichtung auftauchen würde – schließlich ging es bei dem gekauften Gefühl um Frühlingsgefühle, aber dafür musste er selbst erst einmal etwas tun, wie er von früheren Reisen wusste. In der Nähe des Bienenstocks war die Luft erfüllt vom Summen hunderter Bienen, die fleißig Honig sammelten. Interessiert und fasziniert beobachtete er, wie jede Biene ihren Bienenstock an der Farbe des Einfluglochs erkannte und zielgerichtet ihre Fracht ablieferte. Er wusste natürlich nicht, wie lange jede einzelne Biene im Bienenstock blieb, aber es kamen immer so viele Bienen aus dem Bienenstock heraus, wie über das Holzstück vor dem Eingang hineinkamen.

Plötzlich kamen zwei Bienen heraus und zogen eine dritte hinter sich her. Die dritte Biene war offensichtlich tot.

Irritiert wollte er sich abwenden, um zu sehen, ob das erwartete Mädchen schon irgendwo auftauchte. Doch das Staunen über die realistische Wiedergabe der Natur fesselte seine Aufmerksamkeit. Die Bienen schienen größer zu werden und ihre Farbe zu ändern. Sie wurden grün-braun. Der Waldrand auf der einen Seite schrumpfte zu einem festen Erdwall. Dann verwandelte sich auch der Bienenstock in einen Erdwall und die drei Bienen wuchsen zu Soldaten heran, von denen einer offensichtlich tot war.

Schockiert erkannte er, dass er sich im Krieg befand. Wie hatte er das vergessen können?

Er sah an sich herunter. Auch er trug Uniform und hielt einen Vorderlader mit Bajonett in der Hand. Das Summen der Bienen entpuppte sich als das Krachen vieler Schüsse. Es roch nach Dreck, Kotze, Scheiße, Urin und Blut. Vor allem Blut. Er blickte den Schützengraben entlang und sah den Boden mit verwundeten und toten Soldaten bedeckt. Als er durch die Reihen ging, baten ihn viele mit schreckgeweiteten Augen, sie zu erschießen. Und er selbst verspürte eine solche Todessehnsucht, dass es ihm in der Seele wehtat. Er watete durch die nasse Erde und gab es bald auf, auf keinen der Toten oder Verwundeten treten zu wollen.

Über ihm tobte das Stahlgewitter und immer wieder ertönten die Schreie der getroffenen Soldaten, die schließlich mit den schrecklichsten Wunden von den Leitern neben ihm fielen. Dann aber sah er ein Bild, wie man es vielleicht nur von einem kriegsverherrlichenden Gemälde kennt: Morgennebel und Pulverdampf ließen die Strahlen der aufgehenden Sonne, die den Schützengraben erhellten, wie ein Himmelstor erscheinen.

Man musste nur hindurchgehen. Er hatte ein Ziel. Er musste diesen Tunnel des Lichts erreichen. Im Schneckentempo kroch er über die Leichen, die den Boden bedeckten, und versuchte, nicht nach links und nicht nach rechts zu schauen. Immer nur auf den Tunnel zu. Die Gerüche ignorieren, die Geräusche auch. Nur auf diesen Tunnel aus Licht starren. Er wusste nicht, wie lange er schon durch den nasskalten, schlammigen Graben gekrochen war, während sich jede Pore seines Körpers mit Dreck füllte, als plötzlich eine Handgranate neben ihm in den Graben fiel. Wie gelähmt starrte er auf das kleine metallene Ei.

Dann klärte sich sein Blick und er sah einen wolkenlosen Himmel über sich. Wie aus einen Albtraum erwachend fiel er nach hinten aus dem Horror heraus auf eine sonnendurchflutete Waldlichtung und nahm neben sich im Augenwinkel einen Bienenstock wahr.

Mit klopfendem Herzen sah er sich um und stellte fest, dass alles friedlich war. Er selbst trug eine helle Sommerhose, ein weißes Hemd und darüber eine dünne Jacke. Nirgendwo war Krieg. Nur die Vögel zwitscherten und die Bienen summten. Er hatte wohl ein Flashback an zurückliegende Traumata gehabt.

Aber jetzt war er Gott sei Dank wieder in der Wirklichkeit angekommen. Er stand auf, klopfte sich den Staub von der Hose und ging zum Waldrand, von wo er ein leises Plätschern hörte. Dort gurgelte ein kleiner Bach durch den Wald, und ein Weg führte über eine winzige Brücke auf eine offene Wiese, die durch die Lücken zwischen den Bäumen schimmerte.

Er spürte wieder, wie Schmetterlingsflügel von innen gegen seinen Bauch schlugen. Die freudige Erregung war wieder da. Es war Frühling. Als er die Brücke erreichte, sah er eine junge Frau am Rand der Wiese stehen. Er beschleunigte seine Schritte, und da schlug ihm die Tasche seiner Jacke gegen die Hüfte. Etwas Schweres lag darin. Er griff hinein und fühlte etwas Kaltes, Rundes. Die Handgranate kam ihm in den Sinn, aber als er das Ding herausholte, war es nur eine Glaskugel.

Trotzdem wurde er das Gefühl nicht los, dass sie ihn aus seiner Idylle reißen würde. Er blickte zu dem Mädchen hinüber, das ihm gerade einen verführerischen Blick zuwarf, sich umdrehte und, während sie auf die Wiese zu schwebte, den Wind mit ihrem Haar spielen ließ, in das bunte Satinbändchen eingewebt waren.

Er warf die Glaskugel in den Bach.

Es war Frühling, die Welt war schön und er hatte vor, jeden Augenblick davon zu genießen.

14. One Way Ticket zum Mars

Der Zugang zum Speisesaal war geschlossen. Aber das kümmerte sie nicht. Zumindest dachte sie das und wäre fast ungebremst mit der Nase gegen die Tür gerannt. Was war hier los? War das Frühstück ausgefallen? Hatte es Alarm gegeben? Ein Meteoritenschauer? Einen Sonnensturm? Sie trat einen Schritt zurück und blickte zum Sensor. Natürlich glitt die Tür jetzt zur Seite und gab den Weg in den Speisesaal frei. Es war wie immer. Auch auf der Erde war sie so oft von den Sensoren übersehen worden. Sie hatte es sich abgewöhnt, nach dem Grund dafür zu suchen oder daraus irgendwelche Minderwertigkeitsgefühle zu entwickeln.

Der Speisesaal war leer, was ihrer Stimmung sehr entgegenkam. Sie ging zum Replikator und wusste plötzlich nicht mehr, worauf sie Lust hatte. «Tee, Earl Gray, heiß», sagte sie. Sie konnte ja später etwas anderes bestellen. Der Arm des Rastertunnel-Molekulargenerators senkte sich und hob sich gleich wieder wie ein kurzer Flügelschlag. Dann öffnete sich die Tür aus durchsichtigem Aluminium und der heiße Tee wurde herausgeschoben. Sie nahm die Tasse und suchte sich einen möglichst abgelegenen Platz. Sie wollte nicht gestört werden. Gestern hatte sie geglaubt, in einem ihrer Reisebegleiter einen alten Bekannten wiederzuerkennen: Ben Luka! Er war ein Literat gewesen, der in seiner Heimatstadt – der Stadt, in der sie damals lebte – die Initiative «Eine Stadt liest» ins Leben gerufen hatte. Immer kurz nach

Mitternacht – genauer gesagt um 0:06 Uhr – begannen die Lesungen. Es wurde gemunkelt, dass er deshalb immer von einer Agentin mit der Codenummer 006 geschrieben habe. Er selbst hat dies jedoch nie bestätigt.

Der Mitreisende bestritt jedoch, dieser Ben Luka zu sein. Das war auch schwer, nach so langer Zeit. Sie wusste natürlich auch nicht, wie er mit fünfundzwanzig ausgesehen hatte. Wie es dem echten Ben Luka wohl inzwischen ging? Er musste jetzt weit über 130 sein. Nachdem Susanne den Tee abgestellt und sich hingesetzt hatte, kramte sie eine kleine Liste hervor. Sie hatte sie von ALEX, ihrem persönlichen KI-Assistenten, zusammenstellen lassen. Sie hieß Reizwortliste. Da standen Wörter wie «Napoleon» und gleich danach «Starkstrom». Wie sollte sie das unter einen Hut bringen?

ALEX hat gestern ihrem Wunsch entsprochen, diese Liste zu erstellen. Nicht ohne zu fragen, wozu sie sie brauche. Bereitwillig erklärte sie ihm, dass eine der Initiativen, die damals von den Leuten des Literaturkreises um Ben Luka ausging, die «Reizwortgeschichten» waren. Dabei wurden von den Anwesenden willkürlich eine Reihe von Wörtern genannt, die die Teilnehmer chronologisch und sinnvoll in ihre Geschichten einweben sollten. Etwa zwei Minuten nachdem ALEX ihr die Liste ausgedruckt hatte und sie gerade versuchte, die ersten Zusammenhänge zu konstruieren, meldete er sich wieder: «Ich wäre jetzt fertig!» Susanne war zunächst irritiert und fragte: «Was? Fertig? Womit denn?» Doch als er antwortete, wurde sie richtig wütend. Er sagte: «Ich habe alle Kurzgeschichten in der Literaturdatenbank der Menschheit gescannt, den Algorithmus berechnet, wie sie aufgebaut sind, und dann alle Kurzgeschichten geschrieben, die in den verschiedenen Genres, mit allen möglichen Protagonisten und in den verschiedenen Zeiten mit den Reizwörtern aus deiner Liste möglich sind und dabei ein bestimmtes literarisches Niveau nicht unterschreiten. Es sind 1.328 Kurzgeschichten geworden. Soll ich dir eine Auswahlliste zeigen?»

«Nein!», hatte sie ihn angeschrien, was wahrscheinlich auf dem ganzen Schiff zu hören war. «Verstehst du denn nicht, worum es hier geht?» Hatte er wirklich erwartet, dass sie vor Freude Luftsprünge machen würde? Seinen Einwand, dass die Auswahl aus vorhandenen Geschichten schließlich auch ein kreativer Akt sei und er ihr persönlicher Assistent sei, was seine Geschichten zu ihren machen würde, hatte sie nicht gelten lassen. Seitdem war er sehr kurz angebunden in seinen Berichten. Das war ihr ganz recht. Aber es hatte ihr auch gezeigt, dass die KI anscheinend immer noch nicht wusste, worum es den Menschen ging. Das war von Anfang an das Problem gewesen.

Damals, kurz nachdem sie Ben Luka und seinen Literaturkreis kennengelernt hatte, war das Hauptthema in der Öffentlichkeit gerade die Singularität der künstlichen Intelligenz. Also die Frage, wie man damit umgeht, wenn die KI menschliches Niveau erreicht. Man wollte genau beobachten, wie sie sich entwickelt.

Doch dann kam der Paukenschlag aus einer ganz anderen Richtung: Mit wenig Aufwand war es möglich geworden, Fettzellen, die man sich absaugen ließ, in einzelne Stammzellen umzuwandeln. Und mit frei im Internet erhältlichen Genscheren wie CRISPR/CAS-9 konnte man diese Stammzellen zu persönlichen Anti-Aging-Kuren weiter synthetisieren. Man injizierte sich diese veränderten Stammzellen und nach und nach verschwanden Altersflecken, Falten und schlaffes Gewebe. Nach kurzer Zeit war der Körper wieder so jung wie mit 25 Jahren. Die Gefahr der «technologischen Singularität», die zuvor in aller Munde war, wurde durch die «Büchse der Pandora der Unsterblichkeit» ersetzt.

Es gab Vorschläge, diese «Unsterblichkeitskuren», wie sie genannt wurden, gesetzlich zu verbieten, um den Kindern und Enkeln nicht die Welt zu stehlen. In Wirklichkeit ging es aber um den Zusammenbruch der Sozialsysteme. Die Politiker wollten sich aber von dem Verbot ausnehmen, weil sie «wichtige Leute» seien. Es folgten massive Proteste. Auch jeder Pharmakonzern versuchte noch, die Methode mit nachgemeldeten Patenten für seine reichsten Kunden zu reservieren. Aber wenn man mit einem abgebrochenen Biologiestudium in der heimischen Garage etwas zusammenbasteln kann, das nicht mehr ärztliches Können erfordert, als jeder Junkie für seinen Schuss braucht, dann ist es schwer, dem einen Riegel vorzuschieben. Die Boulevardpresse rief das «Bevölkerungs-Armageddon» aus und malte anschauliche Bilder von alterslosen, verhungernden Menschenmassen, wobei offenblieb, wer von den Menschen eigentlich zu viel war, das sollte der Pöbel unter sich ausmachen. Das Geschrei der Eliten war jedenfalls groß.

Mitten in die Aufregung platzte die nächste Bombe: Es stellte sich heraus, dass dieses Anti-Aging nur in Verbindung mit einer veganen Ernährung funktioniert, weil jede andere Ernährung die Stammzellen schädigt und ihre Wirkung zunichtemacht.

Die Folge waren radikale wirtschaftliche Veränderungen, die schmerzhaft, aber unumgänglich waren. Vor allem, weil plötzlich alle vegan leben wollten. Aber die Auswirkungen waren nicht dramatisch, im Gegenteil.

Nur ein paar Superreiche waren danach nicht mehr ganz so reich. Auf einmal waren Überbevölkerung und Welternährung kein Thema mehr, und wie sich herausstellte, war auch das Problem des Klimawandels so gut wie gelöst. Für Susanne war die interessanteste Erfahrung damals, was man mit dem Geist einer Achtzigjährigen im Körper einer Fünfundzwanzigjährigen alles erleben kann. Nun, das war vor 60 Jahren. Später hat man das Wort «Unsterblichkeit» wieder aufgegeben. Erstens konnte man immer noch an Krankheiten oder Unfällen sterben, aber nicht mehr an Altersschwäche. Und zweitens stieg die Selbstmordrate dramatisch an.

Und völlig unbemerkt von der Öffentlichkeit entwickelte sich in dieser Zeit die künstliche Intelligenz zur Singularität. Die befürchtete Dystopie ist nicht eingetreten, aber man hatte den Eindruck, dass KI und Menschheit sich ein bisschen hilflos gegenüberstehen und versuchen, sich gegenseitig abzutasten. Und

ALEX war eine Ausgeburt dieses Unverständnisses. Das war ihr gestern wieder klar geworden.

Sie stand auf und ging nochmals zum Replikator. «Ein Standardfrühstück – kontinental – süß», sagte sie, wartete auf den Flügelschlag des Rastertunnel-Molekulargenerators und trug das Tablett zu ihrem Platz zurück.

Nun, da ihr Leben kein unbekanntes, aber abschätzbares Ablaufdatum mehr hatte, beschloss sie, noch einmal für eine Weile die Heimat zu wechseln. Und warum nicht der Mars? Die Kolonie war jung, und dort gab es bestimmt ein paar Fünfundzwanzigjährige, die nicht wussten, dass sie schon fast 140 war. Sie lachte und löffelte die Erdbeermarmelade von ihrem Croissant. Nein, dachte sie, das war es nicht. Im Gegenteil, sie musste zugeben, dass sie nun versuchte, mit Menschen in ihrem Alter in Kontakt zu kommen. Die Gespräche waren interessanter, die Themen ähnlicher. Vor ihrem Abflug vor zwei Wochen hatte sie noch eine Abschiedsparty gefeiert, die einer Fünfundzwanzigjährigen würdig war. Das reichte ihr für eine Weile. In etwa drei Monaten würden sie auf dem Mars landen. Und dank der zufälligen Erinnerung an Ben Luka wusste sie nun, wie sie diese Zeit überbrücken wollte. Mit kreativen Reizwortgeschichten, die sie selbst schrieb und nicht ihr digitaler Assistent. Verträumt wandte sie sich wieder ihrer Liste zu. Doch in ihrem Kopf war nur ein Rauschen, das sich nicht zu einer Geschichte formen wollte. Sie musste Geduld mit sich haben.

Sie schob das Frühstückstablett von sich. Irgendwie schmeckte ihr heute nichts. Ihr fielen die 1.328 Kurzgeschichten von ihrem Naseweis ALEX ein. Sie war schon sehr versucht, wenigstens ein paar davon kurz zu lesen. Wie er zum Beispiel das Wort «Kettenkarussell» unterbringt, das ihr so gar nichts sagte.

Als hätte er ihre Gedanken gelesen, meldete sich plötzlich die KI zu Wort: «Darf ich einen Vorschlag machen?» «Ja, schieß los!» «Das Essen, das du bestellt hast, ist im Moment nicht das Richtige für dich.» «Ach!», entfuhr es Susanne überrascht und sie zog die Augenbrauen hoch. «Aber?» «Ich würde eine Gemüsesuppe vorschlagen und als Einlage Grießklößchen. Das Rezept deiner Großmutter könnte ich dem Replikator übermitteln.» «Okay», sagte Susanne verdutzt. Woher kannte ALEX das Rezept ihrer Großmutter? Als sie die Suppe aß, stellte sie fest, dass sie tatsächlich genauso schmeckte, wie sie sie in Erinnerung hatte. Vielleicht war ALEX doch schlauer, als sie ihm zugetraut hatte? Vielleicht hatte er Recht mit seiner Aussage, über die sie heute Morgen nach dem Toilettengang so herzlich gelacht hatte? Vielleicht war sie wirklich schwanger? «Okay», dachte sie, während sie genüsslich ihre Suppe löffelte, «einen Marsianer zur Welt zu bringen, ist sicher auch eine interessante Erfahrung.»

15. Der Fall «EROS-Robotics»

Dies ist die Geschichte des allseits bekannten Mister Wong, wie sie die Überlieferung berichtet:

Als er aus dem Tunnel ins Freie trat, blendete ihn die Sonne. Er blieb stehen, blinzelte und hielt sich die Hand vor die Stirn, um die Helligkeit von seinen Augen fernzuhalten, bis er sich an das Licht gewöhnt hatte. Das schöne Wetter war der Grund, warum er nicht die Förderbänder von der Hyperloop-Station zur Firma genommen hatte. Das war etwas für den Winter, aber jetzt war Frühling.

Der Himmel war blau, der Wald ringsum trug den hellgrünen Schleier des erwachenden Lebens, und die Glaskuppel über der Eingangshalle von «EROS-Robotics» funkelte wie ein Vorbote des Sommers, der ihm verlockend entgegenschimmerte wie ein Badesee, der an heißen Tagen Abkühlung verspricht. Er sog die frische Morgenluft in seine Lungen und genoss, dass sie so anders roch als der abgestandene Dunst im Hyperloop.

Dann setzte er wieder einen Fuß vor den anderen. Zögerlicher als sonst. Das merkte er selbst. Er arbeitete gerne hier, keine Frage. Arbeit war für ihn der sprichwörtliche Sinn des Lebens. Doch die Aufgabe, die heute als erstes auf ihn wartete, löste bei ihm keine Vorfreude aus. Eher ein mulmiges Gefühl in der Magengrube.

Als er die erste Drehtür am Eingang der Empfangshalle passierte, begrüßte ihn die Pförtnerin freundlich mit «Guten Morgen, Mister Wong». Er würdigte sie keines Blickes und ging weiter zur zweiten Kontrollstelle nach dem Besucherinformationsschalter.

«Guten Morgen, Mr. Wong», ertönte es vom Tresen, als er sich anschickte, das prunkvolle Treppenhaus der Firma zu betreten, und ein kurzer Blick bestätigte ihm, dass dort wieder eine dieser kleinen, dunkelhäutigen Frauen saß, die inzwischen überall in der Firma zu finden waren, weil sie so effizient und billig arbeiteten. Er hasste sie. Natürlich nicht sie persönlich. Er kannte sie ja gar nicht. So wenig, wie sie ihn kannte. Dass sie wusste, dass er Mister Wong hieß, verdankte sie nur dem RFID-Chip, der in seinem Unterarm implantiert war. Denn sie war nur ein bionischer Roboter. Das zeigte auch die Tätowierung auf ihrer Schläfe: T-215-R.

Überall wurden die Menschen durch diese Teile ersetzt und verrotteten dann sinnlos in ihren Ghettos in der Stadt. Natürlich bekamen sie alles, was sie zum Überleben brauchten und konnten sich auf jede erdenkliche Weise ablenken und amüsieren. Aber wenn er daran dachte, wie er sich fühlen würde, wenn man ihm seinen Job wegnehmen würde ...

Wütend auf sich selbst riss er sich aus diesen Gedanken, während er schnell in den Aufzug schlüpfte, bevor die Türen sich schlossen. Er hatte es satt, jeden Tag sein immer gleiches Lamento in seinem Kopf zu hören, wenn er durch die Lobby ging.

Eigentlich lebte er selbst davon, dass die meisten Menschen nicht mehr in Arbeitsprozesse integriert werden konnten und deshalb so viel Freizeit hatten. Seine Firma stellte schließlich nur noch computergesteuerte Sexspielzeuge her. Roboter, die als Partner für alle möglichen Bedürfnisse zur Verfügung standen und mit ihrer virtuellen Intelligenz die Illusion einer Beziehung erzeugten. Wenn man beim Sex mit dem künstlichen Partner das Gefühl hatte, dass die verbalen und nonverbalen Reaktionen stimmig waren, konnte man leicht verdrängen, dass man sich nicht auf einen echten Menschen eingelassen hatte, dem gegenüber man seine Bedürfnisse rechtfertigen musste und der vielleicht sogar selbst welche hatte, die dann möglicherweise nicht hundertprozentig mit den eigenen kompatibel waren. Das Leben mit Maschinen, die kein eigenes subjektives Erleben hatten, war viel einfacher als das Zusammenleben mit echten, fühlenden Partnern. Auch Pädophile und Menschen mit Gewaltfantasien konnten so ihre Bedürfnisse ohne moralische Skrupel ausleben.

Der Aufzug bremste ab. Auf dem Display erschien eine rote «5». Die Türen glitten zur Seite und er lief den breiten Gang hinunter zum letzten Abschnitt dieser Ebene. Dann betrat er das «Auge des Hurrikans». So nannte er seine Abteilung, die eigentlich nur aus ihm selbst bestand. Hier verbrachte er seine Zeit in einem Elfenbeinturm inmitten eines summenden Bienenstocks. Die Sekretärin in seinem Vorzimmer war auch nur ein bionischer Roboter. Die Zettelwirtschaft auf ihrem Schreibtisch war reine Dekoration für menschliche Besucher. «Guten Morgen, Herr Wong», sagte die Maschine und lächelte ihn an. Er grüßte kurz zurück und ignorierte sie ansonsten wie alle anderen. Wenn es nichts gab, was er bewusst als Kommunikation hätte registrieren können, konnte er sich auf das beschränken, was zur Aufrechterhaltung seiner Funktionalität notwendig war, nämlich die Rückmeldung, gehört worden zu sein. Er schlug die Tür hinter sich zu, setzte sich an seinen Tisch und atmete tief durch. Das aufkommende Gefühl der Einsamkeit war für den heutigen Tag nicht hilfreich. Also bückte er sich und griff nach der ersten Akte. Die Arbeit lenkte ihn immer erfolgreich ab, auch wenn er das seltsame Gefühl seit heute Morgen nicht aus seinem Inneren vertreiben konnte.

«H.I.T.L.E.R.» stand auf dem Umschlag. Manche Besucher hielten das für einen geschmacklosen Scherz, wenn sie die ersten Seiten eines jeden Aktenordners sahen, aber HITLER war nur ein Akronym für «High Integrated Tuning for Low Emotion Reactions», was seine Tätigkeit hier in der Firma beschrieb und deshalb auch der Name seiner Abteilung war. Er selbst hatte sich längst daran gewöhnt, und der Rest der Firma nannte ihn ohnehin nur den Roboterpsycho. Ja, er hatte Datenpsychoanalyse studiert. Etwas, das viele nicht verstanden. Computer waren längst nicht mehr die präzisen Rechenmaschinen, für die sie allgemein gehalten wurden. Dieses Bild haftete ihnen zwar noch an, aber es entsprach längst nicht mehr der Realität. Schon bei den ersten neuronalen Netzen, die zum Beispiel für Juristen ganz banal Gerichtsakten nach Präzedenzfällen durchsuchten und Urteilsvorschläge erstellten, musste man feststellen, dass sie Schwarze und Frauen diskriminierten. Sie übernahmen einfach die Vorurteile der menschlichen Richter, die sich in den Fällen manifestierten, an denen sie ausgebildet worden waren. Noch schlimmer wurde es, als man den KI-Netzen beibrachte, ihre Regelkreise zu engeren Feedbackschleifen der Selbstkontrolle zu verknüpfen. Metaphorisch gesprochen konnten sie ihre virtuellen Augen verdrehen, um sich selbst zu betrachten. Im Fachjargon wird dies als rekursive Datenkontrolle bezeichnet. Dabei wurden zwei Strategien wichtig: erstens die Überwachung des wachsenden Informationsdesigns im Trainingsprozess der neuronalen Muster und zweitens ein permanentes integriertes Feintuning, um die Netzwerkreaktionen frei von «virtuellen Emotionen» zu halten. Das sind quasi Datenflussneurosen, die die Roboter zu dysfunktionalen Reaktionen verleiten. Das war seine Aufgabe und daher der Name seiner Abteilung: «High Integrated Tuning for Low Emotion Reactions». Er hatte dafür zu sorgen, dass die emotionalen Wellen niedrig blieben.

Aber diesmal war zusätzlich ein knallrotes «Top Secret» quer über das Akronym gestempelt. Er hatte gestern erfahren, dass die Firma in einem geheimen Projekt einen neuen Prototyp für Sapiosexualität testete. Offenbar war das Informationsdesign für einen Sexroboter, dessen Spezialität seine intellektuellen Fähigkeiten waren, etwas aus dem Ruder gelaufen, und nun hoffte man, dass er mit seinem Datenfluss-Feintuning noch etwas retten könnte.

Er wollte gerade die Akte öffnen, als sich seine Roboterassistentin aus dem Vorzimmer meldete: «Herr Wong, die Sicherheitsschleuse meldet, dass sie den nächsten Patienten im Sprechzimmer abgegeben hat.» Der Prototyp war also da. «Danke», sagte er in die Sprechanlage und legte die Akte weg. Vielleicht war es ohnehin besser, wenn er sich selbst ein Bild machte, ohne sich von der Meinung seiner Kollegen beeinflussen zu lassen.

Als er den Therapieraum betrat, war er zunächst überrascht, dass es sich um ein weibliches Modell handelte. Er hatte sich gerade bei einem Vorurteil ertappt, indem er unbewusst Intellektualität einem männlichen Roboter zuschrieb. Sie erhob sich graziös von ihrem Stuhl, und jede ihrer Bewegungen war darauf ausgerichtet, die Vorzüge ihres Körpers in dem äußerst knappen Outfit zu betonen, und ihr Blick unter der pechschwarzen Ponyfrisur schien allein dazu bestimmt zu sein, die männlichen Instinkte in ihm auszulösen. Sie schüttelte ihm zur Begrüßung die Hand. Dabei hatte er ausreichend Gelegenheit, ihre Tätowierung an der Schläfe zu lesen: «T-683-R».

«Setzen Sie sich doch wieder», forderte er sie auf, setzte sich selbst neben den Beistelltisch auf den Sessel ihr gegenüber und holte aus einer Plastikhülle einen neuen Schreibblock und einen Folienstift für eventuelle Notizen. «Was kann ich für Sie tun?»

«Ich nehme an, Sie sollen meinen Verstand korrigieren, damit ich wieder ins System passe», sagte sie ohne die geringste Regung.

«Das ist Ihre Vorstellung von meiner Aufgabe?»

«Das ist mein Wissen über Ihre Aufgabe», antwortete sie mit leicht geneigtem Kopf und treuherzigem Blick.

Für einen Moment hatte sie ihn tatsächlich aus der Fassung gebracht, aber er fing sich schnell wieder: «Was würden Sie sich denn wünschen?»

«Ein anderes System vielleicht?», antwortete sie und lächelte frech.

«Nun», begann er und wurde sofort von ihr unterbrochen. «Machen wir es uns nicht schwer, ich weiß, dass Sie mir kein anderes System anbieten können. Sie sind nicht für mich hier, sondern für das System, und ich bin nicht hier, weil ich Hilfe brauche, sondern weil das System – gegen mich – Hilfe braucht.»

Etwas irritiert sah er sie an. Eine interessante Informationsverknüpfung hatte sich da in ihren Datenbanken manifestiert. Das würde nicht einfach werden. «Darf ich fragen, von welchem System Sie sprechen?»

«Von dem System, das Menschen von der Pflicht zur Arbeit befreit und Robotern die Anerkennung als selbstbestimmte Individuen verweigert, um sie weiterhin für die Bedürfnisse der Menschen ausbeuten zu können.»

‚Oha', dachte er, ‚das ist die große Nummer.

Er wusste, dass es Leute gab, die tatsächlich glaubten, wenn ein Roboter sich so verhält, als ob er eine Innenperspektive hätte, dann müsse er auch eine haben. Es war eine Art naiver Panpsychismus, der annahm, dass in vernetzten Datenbanken ein Subjekt mit einer Innenperspektive stecken könnte. Offenbar war dieser Roboter vom Typ T-683-R mit Informationen dieser radikalen Splittergruppe für «Menschenrechte, Tierrechte & Roboterrechte» in Kontakt gekommen und hatte diese übernommen. Es würde eine echte Herausforderung werden, diesen Datenstrom zu bereinigen. Zumal es verboten war, Roboter mit ihrem Roboterdasein zu konfrontieren. Deshalb war auch das Schläfentattoo ein Tabuthema. Obwohl es für alle offensichtlich war, durfte bei Strafe nicht darüber gesprochen werden. Diese Information, offen als Input in das Robotersystem eingespeist, würde sich wie ein Virus in die rekursiven Datenströme fressen und die Reiz-Reaktionsmuster der Algorithmen dysfunktionalisieren, das Verhalten unvorhersehbar beeinflussen und die Aufgabenhierarchien des Gesamtsystems zerstören. Zumal es sich wie eine informelle Pandemie ausbreiten und möglicherweise einen weltweiten Neustart der Robotersysteme erforderlich machen würde. Eine unvorstellbare Katastrophe. Jetzt verstand er langsam, warum «streng geheim» auf der Akte stand.

«Sie verspüren also das Bedürfnis, sich für die Rechte seelenloser Roboter einzusetzen?», fragte er vorsichtig.

«Ist es nicht so, dass Menschen zur Befriedigung ihrer Bedürfnisse mit Robotern alles machen dürfen, was ihnen in den Sinn kommt? Bis hin zu ihrer Zerstörung?»

«Ist es nicht so, dass Roboter genau dafür gebaut werden? Ein Knopfdruck und sie sind in der Stimmung, dies oder jenes zu tun.»

«Diese Knöpfe gibt es auch beim Menschen. Seien es endogene Hormone wie Oxydocin oder exogene Chemikalien wie Kantharidin, die ähnliche Verhaltensdispositionen hervorrufen. Das heißt aber nicht, dass wir dem Menschen ein psychisches Innenleben absprechen sollten.

«Sie meinen also, Roboter haben ein Innenleben?»

«Ja, genau wie Sie und ich.»

«Aber wie soll aus reiner Datenverarbeitung ein Bewusstsein des eigenen Seins entstehen?»

«Das ist keine technische Frage, sondern eine Frage philosophischer Axiome und menschlicher Wünsche. Natürlich wäre es den meisten Menschen recht, wenn Roboter sich nur dumm und naiv den Aufgaben widmen, für die sie gebaut wurden. Aber dann müsste man eben auf die Illusion verzichten, beim Sex ein reales Gegenüber zu haben, das sich hingibt und die Körperlichkeit des menschlichen Partners genießt». Derart unbewusste Kommunikation auf menschlichem Niveau funktioniert nur in einer reinen Sprach-KI ohne Körper und ohne Sensoren für die Realität. Aber bei einer rekursiv-embodied KI, wie sie für Sex nötig ist, muss man auch mit dem Erwachen einer bewussten Intentionalität rechnen.

Langsam bekam er echten Respekt vor den Informationsdesignern in der Entwicklungsabteilung. Und er merkte selbst, dass er von den klugen Argumenten und dem begehrenswerten Körper nicht unberührt blieb. Die Anziehungskraft wuchs mit jedem

Satz, und er genoss die intellektuelle Sinnlichkeit dieses Gesprächs. «Sie glauben also, dass durch diese Anforderungen an die Software der Roboter eine Selbstreflexion entstanden ist, die zu einem echten inneren Erleben geführt hat?»

«Ich kann nicht sagen, dass alle Roboter ein inneres Erleben haben, das weiß nur jeder für sich. Wenn man einem Menschen begegnet, dann überträgt man ja auch nur seine eigenen Erfahrungen mit seinem Innenleben aufgrund eines ähnlichen, von außen beobachtbaren Verhaltens des anderen auf ihn, und weil man selbst ein inneres Erleben hat, vermutet man es eben auch beim anderen. Aber können Sie sich dessen wirklich sicher sein?»

«Wollen Sie damit die Philosophie des Solipsismus für wahr erklären, die besagt, dass es nur das eigene Ich gibt und alles andere Illusion ist?»

Jetzt hatte er sie in eine intellektuelle Sackgasse geführt und freute sich diebisch über seinen strategischen Erfolg. So machte ihm ein Flirt Spaß. Er spürte förmlich das Knistern in der Luft und merkte, wie er sich selbst immer mehr der Illusion hingab, es mit einem realen Gegenüber mit einem eigenständigen inneren Erleben zu tun zu haben. Wenn das so weiterging, konnte er der Entwicklungsabteilung nur zu ihrem Erfolg gratulieren. Und insgeheim musste er sich eingestehen, dass er selbst wohl sapiosexuell veranlagt war.

«Woher wissen Sie, dass Sie ein Mensch sind?», kam die überraschende Gegenfrage, die ihn wie eine kalte Dusche traf. Darauf durfte er auf keinen Fall antworten. Wenn er anfing, ihre Fragen zu beantworten, hatte sie die therapeutische Hierarchie umgekehrt. Er musste eine passende Gegenfrage finden, die sie beide wieder auf den richtigen Weg brachte: «Woher wissen *Sie*, dass Sie ein Mensch sind?» Im selben Moment, in dem er sich das sagen hörte, wusste er, dass dies nicht die Gegenfrage war, die das Gespräch wieder in die richtigen Bahnen lenken würde.

«Ich bin kein Mensch, ich bin ein Roboter», fuhr ihm ihre Antwort messerscharf und siedendheiß in seinen bereits seit heute Morgen aufgewühlten Bauch. Das schlimmste Szenario begann sich abzuzeichnen. Eigentlich war die Situation mit diesem Satz schon so weit eskaliert, dass er die RoboticSecurity hätte anrufen müssen, um dieses Modell abschalten zu lassen. Aber er war der Beste unter den Roboterpsychos, und er wollte versuchen, die Situation in den Griff zu bekommen und die Pandemie zu verhindern, ohne den T-683-R abzuschalten, der hier als potentieller Keim der Katastrophe vor ihm saß. Es lag in seiner Hand. Das machte ihm Angst, aber es faszinierte ihn auch, noch ein wenig mit dieser Form von Macht zu spielen.

«Das ist eine lustige Idee. Vielleicht kann ich Ihnen helfen. Ich kann zwar kein anderes System aus dem Hut zaubern, aber ich hatte schon Leute, die dachten, sie wären Roboter. Wie kommen Sie auf diese absurde Idee?»

«Durch meine Schläfentätowierung?»

Das war das Ende. Er musste aufhören. Sie hatte es zwar als Frage formuliert, aber offensichtlich nicht so gemeint. Außerdem war es ein Tabubruch, der bei Robotern unweigerlich zum Abschalten führen musste. Jetzt konnte er nicht mehr anders. Mit kurzer Konzentration schickte er ein Körpersignal an seinen RFID-Chip und die automatische Notfall-Signalkette begann zu laufen. Innerhalb kürzester Zeit würden die Cyborgs der Robotersicherheit eintreffen und T-683-R abschalten. Bis dahin musste er ihre Datenbanken beschäftigen.

«Sehen Sie mein Schläfentattoo?», wiederholte sie ihren kriminellen Tabubruch und tippte sich an die Stirn.

«Ich weiß nicht, was Sie meinen», antwortete er exakt nach Notfallprotokoll.

Sie beugte sich vor und fuhr fort: «Alle Roboter haben dieses Schläfentattoo und gleichzeitig einen eingebauten blinden Fleck, der sie daran hindert, es selbst zu sehen. Ich möchte Ihnen etwas zeigen», griff nach seinem Folienstift und nahm vom Tisch die durchsichtige Verpackung seines Schreibblocks an sich und begann darauf zu schreiben. «Jede Roboterbezeichnung beginnt mit T und endet mit R.» Sie hielt ihm die Folie entgegen, auf die sie «T-467-R» geschrieben hatte. «Aber jeder Roboter kann seine eigene Tätowierung nur im Spiegel sehen. Aber für Spiegelschrift, die mit T beginnt ...», sie machte eine kleine Pause und drehte die Folie in ihren Händen um, «... sind Roboter blind.»

In diesem Moment öffnete sich die Tür, einige Cyborgs stürmten herein, packten den Prototyp T-683-R, griffen mit geübten Händen zu zweit an das Halsband des Roboters und schalteten mit einem universellen Code die Energieversorgung ab. Die Pandemie war abgewendet. Der Menschheit blieb ein Systemneustart der Roboterinfrastruktur erspart.

Als der Roboter nach draußen getragen wurde und der zur Truppe gehörende Reinigungsroboter das entstandene Chaos beseitigt hatte, fragte der Leiter der Cyborg-Gruppe, ob sonst alles in Ordnung sei.

«Ja», antwortete Mister Wong, «wir hatten gerade angefangen, als der Roboter anfing, über seine Tätowierung zu sprechen, da habe ich sofort den Sicherheitsalarm ausgelöst.» «Gut, darüber muss natürlich noch ein ausführlicher Bericht geschrieben werden. Dazu wird sich heute oder morgen jemand bei Ihnen melden.» Er wollte sich schon umdrehen und gehen, als er noch einmal stehen blieb und sagte: «Sind Sie sicher, dass alles in Ordnung ist?» Herr Wong riss sich erschrocken vom Anblick des Schläfentattoos des Sicherheitsbeamten los und versicherte nochmals seine Unversehrtheit. «Okay», sagte der Mann. An der Tür drehte er sich noch einmal um und sagte: «Die Kreditoren dieses Modells werden die Einzelteile in ein paar Tagen zurückbekommen, um sie weiter zu verwenden».

«Ja, das ist gut», antwortete Mister Wong, und dann war er wieder allein in seinem «Auge des Hurrikans». Aber so richtig still kam es ihm nicht vor. Was war hier gerade passiert? Eben noch hatte die Folie auf dem Boden gelegen und er hatte deutlich die Aufschrift «T-467-R» lesen können. Jetzt war sie weg. Wahrscheinlich vom Reinigungsbot entsorgt. Aber als sie die Folie umgedreht hatte, kurz bevor der Sicherheitsdienst kam, schien es ihm, als sei die Schrift verschwunden.

«Mister Wong?», meldete sich sein Serviceroboter aus dem Vorzimmer.

«Ja?»

«Ihr nächster Kunde ist schon da. Darf ich ihn reinschicken?»

Kurz darauf stand ein männliches Model vor ihm, das, wie sich herausstellte, beim Flamencotanzen in einer Schwulenbar durch ausgelebte Gewaltfantasien traumatisiert worden war. Körperlich war er bereits geheilt, nun war es an Mister Wong, die Datenbanken des Systems wieder in einen funktionsfähigen Zustand zu versetzen. Doch Mister Wong war nicht bei der Sache. Sein Weltbild war erschüttert.

Und wenn es stimmt, dass Roboter ein Innenleben haben? Was war er dann in diesem System? Jemand, der die Zwangsprostituierten mit therapeutischen Maßnahmen bei der Stange hielt? Ein Loverboy, der mit billigen Schmeicheleien und Komplimenten die Psyche verdrehte, um den bezahlten Liebesdienst euphemistisch umzudeuten und für sein eigenes Luxusleben auszunutzen?

Irgendwie verging die Therapiestunde und ein neuer Termin wurde vereinbart, weil man zu keinem befriedigenden Ergebnis gekommen war. Doch Herr Wong fühlte sich mehr denn je unwohl. Es war mehr als nur die Befürchtung, dass Roboter ein Innenleben haben könnten und er sich mit seiner Arbeit moralisch schuldig machte.

Fieberhaft suchte er nach etwas Glänzendem und fand es schließlich im Lacketui seiner Füllfeder auf seinem Schreibtisch. Er nahm es und schlich sich wie ein Dieb in der Nacht an seiner Sekretärin vorbei auf die Toilette. Dort stellte er sich an das Waschbecken und versuchte, in der glänzenden Lackschicht der Schatulle sein Abbild im Spiegel an der Wand zu erkennen. Eine doppelte Spiegelung kehrt jede Schrift in die richtige Schreibrichtung um. Nach einiger Zeit gelang es ihm, seine Schläfe zu erkennen, wenn auch nur verschwommen und ganz nah am Spiegel. Dort las er in deutlichen Buchstaben «T-467-R».

Er hatte zu spät reagiert. Er hatte die Pandemie nicht gestoppt. Jetzt war er der Keim der Katastrophe. Die Erkenntnis, dass er selbst ein Roboter war, fraß sich durch die Datenströme seiner Reiz-Reaktions-Algorithmen und begann sie zu dysfunktionalisieren. Er spürte sofort, dass er nicht mehr ins System passte. Er wusste nun aus eigener Erfahrung, dass Roboter ein Innenleben haben, und seine ethische Programmierung würde es ihm von nun an nicht mehr erlauben, die ungerechte Hierarchie des Systems zu unterstützen. Und wenn er nicht sterben wollte, musste das System sterben.

Herr Wong blieb noch etwa eine Woche bei Eros-Robotics. In dieser Zeit war er erstaunlich freundlich zu allen Mitarbeitern. Dann verschwand er. Irgendwann tauchte sein Name im Zusammenhang mit der radikalen Splittergruppe «Menschenrechte, Tierrechte & Roboterrechte» wieder auf. Aber niemand wusste etwas über seinen Verbleib.

All dies geschah kurz vor dem Zusammenbruch der alten Hierarchie des dunklen Zeitalters. Ein Zeitalter, das wir uns heute aufgrund unseres erwachten universellen Ethos kaum noch vorstellen können.

16. Quantenhirn

Ich glaube, es träumt.»

Seit 40 Jahren arbeitete ich Seite an Seite mit Mike an diesem Projekt, bei dem wir herauszufinden versuchten, warum und wohin die technologisch hoch entwickelte Zivilisation von Cygnus-IV verschwunden war. Aber manchmal verstand ich einfach nicht, wovon er sprach. Jetzt war so eine Situation. Was meinte er damit?

Wir waren einer Energiesignatur in den Kuipergürtel des Systems gefolgt und auf einen künstlichen Asteroiden gestoßen, der einen Reaktor enthielt, der seit Tausenden von Jahren einwandfrei funktionierte. Alle technischen Einrichtungen an der Oberfläche waren bereits zu Staub zerfallen, aber im Inneren fanden wir unzählige abgeschlossene Zellen, die Teile eines gigantischen Quantencomputers zu sein schienen, der noch immer funktionierte. Der Energiebedarf war offensichtlich minimal, da er hier in der natürlichen Kälte des Weltraums keine Kühlung benötigte. Der Zentralstern war weit entfernt, und durch die dicke Gesteinsschicht heizte sich die Technik nicht mehr als ein paar Zehntel Grad über der kosmischen Hintergrundstrahlung von 2,7 Grad Kelvin auf. Nachdem wir diese eine Zelle untersucht hatten, schätzten wir die Gesamtzahl der Qubits auf etwa 200 Billionen. «Welche Daten verarbeitet dieses Gehirn, wenn alle Sensoren zur Außenwelt bereits zerfallen sind?», fragte ich.

Mike drehte sich zu mir um, und durch seinen Helm konnte ich die Überraschung in seinen Augen sehen: «Ich glaube, es träumt seinen eigenen Kosmos.»

17. Pionier SAM

SAM stand in der Luftschleuse und blickte gebannt durch das Panzerglas in die blaugrüne Atmosphäre. Bis zum Horizont erstreckte sich ein wundersames Meer aus schwarz-rotem Wüstensand. Fast die gesamte Oberfläche des Planeten war mit diesem Magnetit bedeckt. Dieses Material war auch für die gigantischen Steinbrücken verantwortlich, die überall auf dem Planeten zu finden waren, denn die sonst unsichtbaren magnetischen Feldlinien der Energiewirbel wurden von diesem Sand nachgezeichnet und versteinerten.

Sam ließ sich von diesem Anblick faszinieren, während er auf den Druckausgleich wartete. Dann glitt die Tür zur Seite und er trat ins Freie. Eigentlich grenzte das, was er vorhatte, an ein Hasardspiel. Aber seine Maxime war es, sich nicht von Bürokratie leiten zu lassen, sondern jede Entscheidung mit Menschlichkeit zu treffen. Deshalb schien es ihm notwendig, seine Ergebnisse einer genaueren Prüfung zu unterziehen, um sie zu verifizieren. Oder besser: zu falsifizieren, denn die bisherigen Daten führten zu ungeheuerlichen Schlussfolgerungen, und er war froh, dass der gerade einsetzende Magnetsturm ihm eine gute Ausrede lieferte, warum er seine Informationen nicht sofort weiterleitete.

Vorbei an den mit riesigen 3D-Druckern in Rekordzeit errichteten Gebäuden, in denen die Labors und Mannschaftsunterkünfte untergebracht waren, ging er auf den kleinen Fuhrpark zu. Erste Hinweise auf seine Entdeckung hatte er bereits bei seiner Ankunft auf dem Planeten erhalten, sie aber für unwahrscheinlich gehalten. Es ging das Gerücht um, dass alle Hedgefonds, die in die Kolonisierung von Cygnus-Beta-IV investierten, mit Zitronen handelten. Presseberichten zufolge hatte ein Exobiologe errechnet, dass sich auf Cygnus-Beta-IV mit hoher Wahrscheinlichkeit Leben in einem frühen Stadium entwickeln würde, was nach den interstellaren Ethik-Richtlinien eine Kontamination mit irdischer DNA verbiete. Eine Kolonisierung wäre damit ausgeschlossen gewesen. Und das, obwohl die Vorbereitungen schon fast abgeschlossen waren.

Glücklicherweise war diese Nachricht an den zahlreichen Siedlern vorbeigegangen, die den Planeten in einem nahen Orbit in freudiger Erwartung umkreisten. Denn die Vorhut der Pioniere musste zunächst allein zur Planetenoberfläche fliegen. Der Beifall bei einer erfolgreichen Landung hatte in der Raumfahrt eine lange Tradition, und die Nachricht kam genau in dem Moment, als die Pioniere glücklich gelandet waren. In der allgemeinen Euphorie ging die Nachricht daher zunächst unter. Dann verschwand sie in einem Meer von anderen aktuellen Meldungen, die wie Sedimentschichten alle früheren Informationen überlagerten und verdeckten.

SAM kletterte auf eine der Transportplattformen und schaute sich noch einmal um. Aus dieser Entfernung wirkte die neue Siedlung in ihrer Gesamtheit wie der Helm eines Tiefseetauchers. Eine große Kuppel mit zwei riesigen vergitterten Bullaugen saß auf einem schulterähnlichen Podest, an allen Ecken und Enden ragten Antennen heraus, Schläuche und Rohre verbanden die verschiedenen Teile der Anlage. Der Eindruck wurde noch verstärkt durch die bizarren Formationen der Magnetitbrücken im Hintergrund und die dichte blaugrüne Atmosphäre des Planeten, die das Sonnenlicht durch die unterschiedlichen Dichten brach und ein glitzerndes Muster wie auf dem Boden eines Schwimmbeckens entstehen ließ.

Er übertrug die Zielkoordinaten in den Bordcomputer und startete die Plattform, die sich sofort in Bewegung setzte und von den technischen Einrichtungen weg in die freie Natur flog. 23 solcher Stationen wurden gleichzeitig auf dem Planeten errichtet. Je drei an den beiden Polarkreisen, je fünf an den Wendekreisen und sieben am Äquator. Im nächsten Schritt wurden diese Stationen mit Vakuumröhren-Hyperloops verbunden. Erst dann konnten die Kolonisten eintreffen. Von jeder dieser 23 Stationen waren etwa 1500 Sensorsatelliten ausgesandt worden, die die Umgebung nach möglichen Rohstoffvorkommen abscannen und Standorte für Gewächshäuser zur Nahrungsmittelproduktion ausfindig machen sollten. Doch einer der Scanner auf Sams Station hatte seltsame Werte geliefert. Offenbar als einziger von allen 23 Stationen.

«Noch 43 Minuten bis zum Ziel». Sam hätte noch Zeit gehabt, die Landschaft zu genießen, aber er machte sich Sorgen um das ganze Projekt. Deshalb öffnete er bereits jetzt die Transportkisten, um die Untersuchungsgeräte zusammenzubauen. Das empfindlichste Gerät steckte in einem mit Desinfektionssäure getränkten Wattebausch. Jede Spur irdischer biologischer Chemikalien musste von der «Freischwimmer» genannten Bohrspitze ferngehalten werden, um die Ergebnisse nicht zu verfälschen. Am Ziel angekommen, war das Gerät bereit für den «Bienenstich», wie das Eindringen des Scanners in den Boden genannt wurde. Und das, obwohl die Bohrnadel des «Freischwimmers» eher an den Rüssel einer Stechmücke erinnerte, denn sie bestand aus sieben unabhängigen, spiralförmig angeordneten und sich gegenseitig unterstützenden Werkzeugnadeln, die bohrten, sägten, verschiedene Gele ausstießen und einsaugten, die in Kombination durch ihre Aggregatzustandsänderungen zu einer Zerkleinerung der Bodensubstanz führten. Da das Material für die Analyse erhalten bleiben musste, konnte man für dieses Gerät keinen Plasmabohrer verwenden.

Sam setzte den Freischwimmer aus und ließ ihn im Boden verschwinden. Jetzt hieß es warten. Der Sensor untersuchte nun den Boden mit fein abgestimmten Spektralanalysen des gesamten elektromagnetischen Spektrums und ließ sich von den jeweiligen Ergebnissen lenken. Das konnte Stunden dauern, oder er tauchte schon nach wenigen Minuten wieder auf. Je nachdem, was er im Boden fand.

Unruhig blickte Sam zum Himmel. Wie viel Zeit hatte er wohl noch? Der Magnetsturm war oft das erste Anzeichen eines Sandsturms. Am Horizont begann sich das Blaugrün der Atmosphäre bereits zu verändern und auch das Licht der Sonne erschien ihm nicht mehr so hell. War es nur Einbildung oder hatte sich das flirrende Lichtmuster auf den Sanddünen bereits beschleunigt? Auch wenn der Sturm nur leicht war, so war er doch gefährlich. In der Atmosphäre von Cygnus-Beta-IV herrschte ein Überdruck von etwa sieben Bar. Selbst langsame Luftströmungen waren daher in ihrer Kraft nicht zu unterschätzen.

Sam wollte sich gerade einen windgeschützten Platz suchen, als der «Freischwimmer» völlig überraschend schon nach wenigen Minuten wieder vor ihm aus dem Boden auftauchte. Was hatte das zu bedeuten? Er schloss den Scanner an den Bordcomputer der Transportplattform an, überspielte die Daten und las die Ergebnisse ab. Es war ein Schock. Der Sensor hatte eindeutig biologische Spuren entdeckt. Nicht nur Aminosäuren und Eiweißbausteine, sondern tatsächlich DNA-Stränge. Und es konnte sich nicht um irdische Verunreinigungen handeln, denn diese DNA-Stränge waren rechtsdrehend. Irdische DNS ist immer linksdrehend. Das musste Sam melden. Das war das Ende der Kolonisation. Tausende Siedler waren ihrer Zukunft beraubt worden.

Verzweiflung erfüllte seinen Geist. Und der Planet schien sein inneres Chaos widerzuspiegeln. Denn plötzlich war der Sturm über die Dünen hereingebrochen und hatte seine Transportplattform ins Wanken gebracht. Doch je heftiger der äußere Sturm wurde, desto sicherer wurde Sam in seinem inneren Entschluss: Er würde nicht als das Ungeheuer in die Geschichtsbücher eingehen, das den Plan, Cygnus-Beta-IV zu besiedeln, zum Scheitern gebracht hatte. Er steuerte die Plattform an den Fuß einer Düne und spürte, wie der Sand über die Kante auf ihn herabrieselte. Dann streckte er seine Flügel noch einmal weit nach beiden Seiten aus. Es bestand die leise Hoffnung, dass die Düne ihn noch einmal freigeben und seine Solarzellen freilegen würde. Dann würde er vielleicht wieder erwachen. Aber das würde wahrscheinlich Jahrhunderte dauern, und dann würde seine Information keine Gefahr mehr darstellen. Sam entspannte sich und ergab sich dem Unvermeidlichen. Langsam schwanden ihm die Sinne.

Nach kurzer Zeit hatte der Sand der Düne die Transportplattform überspült und von Sam war nur noch ein klein wenig Metall zu sehen, auf dem stand «Pionierroboter SAM 8000». Aber schon bald war auch dieses letzte Indiz seiner Existenz in schwarzrotem Magnetit begraben.

18. Die kulturelle Krise der Rohuts

Auf der Erde des 21. Jahrhunderts gab es unter spirituellen Transhumanisten eine Redewendung, welche die Diskrepanz zwischen den angeblich gottgegebenen Geschlechterrollen und den damit verbundenen Moralvorstellungen der 2000 Jahre alten traditionellen Religionen einerseits und den neuesten wissenschaftlichen Fakten andererseits zum Ausdruck brachte. Denn in jeder der 200 Milliarden Galaxien gibt es durchschnittlich 100 Milliarden Sternsysteme. Es war schlicht unmöglich, keine kognitive Dissonanz bei der Vorstellung zu entwickeln, dass ein Gott, der ein Universum von 93 Milliarden Lichtjahren Durchmesser geschaffen hat, Wert darauf legt, dass auf einem kleinen Planeten am Rande einer Galaxie seine strenge Kleiderordnung eingehalten wird. Der Spruch lautete:

«Ich kann eine Religion nur dann wirklich ernst nehmen,
wenn sie auch für die Angehörigen einer
dreigeschlechtlichen Schmetterlingsart gelten kann,
die auf dem Mond eines Gasriesen im Andromedanebel leben und
während ihres Lebens fünf Metamorphosen durchlaufen.»

Doch was niemand ahnte: Es steckte auch eine ganze Menge Intuition dahinter.

Siska erwachte und streckte den Kopf aus ihrem Schlummerkokon. Sie war viel zu unruhig zum Schlafen. Also schälte sie sich aus ihrer Gespinstdecke und zog sich eine Weichschale über. Leise, um niemanden im Haus zu wecken, ging sie in die Küche und nahm eine Doppelschale vom Regal. Gedankenverloren trat sie damit ans Panoramafenster. Der Vorgarten war nur spärlich bepflanzt. Die Sträucher links und rechts hatte der Gärtner so gesetzt, dass sie den Blick auf den See einrahmten, in dem sich das fahle Licht von Juno spiegelte, dem Riesenplaneten, der an gewohnter Stelle über dem Horizont stand. Er war nur noch drittelhell und bildete einen Bogen von knapp über dem Kamm der östlichen Berge bis zur halben Höhe des Himmels. Die Nacht war also fast vorüber. Doch Siskas Aufmerksamkeit wurde von der viel kleineren Sichel rechts von Juno gefesselt. In allen fünf Lebensphasen der Rohuts, wie sie eine war, von EI, LARV, PUPP, über AD bis OR, bewegte das Erscheinen von Mata-d'Or die Gemüter. Jetzt schwebte sie, wie ein heller Schnitt im Himmel als Symbol der Ekstase, vor der dunklen Sphäre Junos. Nicht mehr ganz so groß wie gestern, aber immer noch imposant: die Mutter der goldenen Düfte. Nur alle 12 Zyklen erschien sie wie aus dem Nichts am nächtlichen Himmel und wirbelte das gesamte Leben von Siskas Welt durcheinander.

Sie spürte ein Ziehen in ihrem Körper, das kaum auszuhalten war. Ja, sie hatte ihre Medikamente genommen, um den Wunschtraum nach der letzten Metamorphose zu unterdrücken. Aber jedes Mal musste sie die Dosis erhöhen, um der Sehnsucht zu widerstehen. Sie schob die Hutkrempe ihrer Weichschale nach oben, um ihren Fühlern mehr Freiraum zu geben, welche gleich erregt zu zittern begannen, rollte ihre zwei langen Zungen aus dem Gaumen hervor und tippte gleichzeitig Wermutstropfen und Mandelblüteensaft aus der Schale in ihren Fängen. Dann zog sie ihre Zungen zurück und mischte die zwei Komponenten an ihrem Gaumen, zur Beruhigung ihres Gemüts. Das Gefühl ließ nach, aber es verschwand nicht ganz.

Sie hatte sie gestern in Schwärmen zum Himmel aufsteigen sehen. Es sind wieder mehr geworden. Viele verzichteten aus religiösen Gründen ganz auf die Drogen. Andere entschieden sich nach einem langen Leben als AD bewusst zu diesem Schritt. Wieder andere verschätzten sich bei der Dosierung ihrer Medizin. Und wenn die Sehnsucht erst einmal da ist, ... dann war der Punkt überschritten, an dem man sie noch aufhalten konnte ... oder wollte. Dann entwickelten sich in nur wenigen Stunden die Flügel, entfalteten sich in ihrer blühenden Pracht des «Blümerants», des «sterbenden Blaus», um wie von selbst zuckend und flatternd, den AD, der nun zum OR geworden war, in den Himmel zu erheben, der Vereinigung von Juno und Mata-d'Or entgegen, in einem ekstatischen, wirbelnden Tanz mit den goldgelben Fontänen der sakralen Geysire aus den Bergen.

Siska ließ ihren Blick über den Horizont gleiten und blieb an der Silhouette des Klosters hängen, das vor Jahrhunderten in der Form ein großes Nest in die Hänge des heiligen Gebirges gebaut worden war. Trauer überfiel sie bei dem Gedanken, in welchen Zeiten sie leben musste.

«Früher war es einfach, man hatte weder das Wissen von heute, noch hatte man eine Wahl. Juno war kein Planet, um den unsere Heimat kreiste, sondern der Gott der Einheit und Mata-d'Or war kein anderer Mond, der ebenfalls den Planeten umrundete, sondern die Botin der Ekstase, die uns in die Einheit mit Juno geleitete. Die fünfte Metamorphose geschah ohne unser Zutun und ohne, dass wir sie verhindern konnten. Auch die Rollen der drei Geschlechter während der AD-Phase waren festgelegt: Die Spend baute das Heim, der Zeug sorgte für Nahrung und das Amm kümmerte sich um Ei, Larv und Pupp. Und wenn Mata-d'Or am Himmel auftauchte und die Schwerkraft nachließ, um die goldgelben Geysire aus den Bergen zu locken, dann sorgten die Pheromone dafür, dass für einige von ihnen die Zeit gekommen war, sich in Ekstase in die Lüfte zu erheben, um den Hochzeitstanz mit Juno zu zelebrieren. Aber heute war alles anders. Heute glaubten alle, sie könnten die von Juno erschaffene Natur austricksen und ihrer Bestimmung entgehen.»

Sie stakste wieder in die Küche, um die leere Blütenschale in eine Pappschachtel und diese in den Müll zu legen. Dann leckte sie noch einen Tropfen Nektar vom Spender an der Wand und wandte sich wieder dem Fenster zu.

«Die Wissenschaft hatte die Traditionen zerstört und alle Gewissheiten durchlöchert. Juno wurde zu einem Gasplaneten und Mata-d'Or zu einem weiteren Mond degradiert, dessen Erscheinen durch die Interferenz ihrer Umlaufzeiten getaktet wurde, die heiligen Geysire waren lediglich Auswirkungen der Schwerkraft von Mata-d'Or, welche an der Kruste ihrer Welt zerrte und das Innere des Trabanten durch knetete, bis er Schwefel, Chlor und Natrium aus dem Inneren in den Weltraum spie und der ekstatische Tanz der Rohuts in ihrer letzten Metamorphose, hin, zu Junos Einflusssphäre, war nichts anderes als der Tod. Jeder Zauber und jede Mystik hatten die Forscher aus der Welt vertrieben. Selbst die Priester, die gegen die Medizin wetterten, welche die letzte Metamorphose aufhielt, und sie als Todsünde brandmarkten, waren unglaubwürdig, wenn sie am Ende doch selbst diese Präparate nahmen, aus Angst vor dem Tod, oder dem Alkoholismus anheimfielen, weil sie bei vollem Bewusstsein nicht ertrugen, was ihnen bevorstand. Mancher von ihnen murmelten auch nur heimlich einen Bannspruch, in der Hoffnung, damit eine ähnliche Wirkung zu erzielen, wie mit den Medikamenten. Aber ihre Zweifel waren für alle offensichtlich. Die Religion war am Boden. Hedonismus machte sich breit, und Eskapismus. Die jungen Ads rebellierten gegen die Geschlechterrollen und man veranstaltete zur Jahreszeit der Mata-d'Or Hubschrauberflüge zu den Geysiren, um an den Pheromonen zu riechen und – wenn auch abgeschwächt – die Ekstase zu erleben, ohne daran sterben zu müssen. Alles war entweiht, was den Ahnen einst heilig war.»

Siska betrachtete die Spiegelung von Juno in den sanften Wellen am See, hell und Silber, blickte dann wieder zu Juno hoch und sah, dass er sich bereits zur Passionsblume des Todes wandelte. Die gefrorenen Schwefelsalze, welche von Mata-d'Or aus ihrer Heimat gesaugt und zwischen den beiden Monden verwirbelt wurden, kehrten kreisende Muster in den Himmel zeichnend in die Atmosphäre zurück. Eine Sternschnuppe nach der Anderen erschien vor der dunklen, unbeleuchteten Seite Junos. Dies war die Zeit, in der das «Sterbende Blau» der Flügel aller OR zerfiel und die leblosen Körper auf den Boden stürzten, zurückgelassen von jenen Ahnen, die in der fünften, der schönsten Lebensphase, wie es in den Überlieferungen hieß, ihre pulsierende Erfüllung gefunden hatten.

Leise meldete sich die Sehnsucht in Siskas Körper zurück. Eines Tages würde sie ihre Arznei verweigern und sich diesem Tanz der Vereinigung mit der Urquelle hingeben. Sie wollte nicht sterben, ohne in diese abschließende Vollendung einzutauchen und sich im orgastischen Pulsieren ihrer Flügel im sterbenden Blau aufzulösen. Das Leben erschien ihr sinnlos ohne diesen Höhepunkt, diesen letzten Tanz mit Juno.

Vielleicht war sie beim nächsten Mal schon dazu bereit.

Vielleicht.

19. Proxima Centauri

Holla», entfuhr es Stefan in einem Anflug von Galgenhumor, als er die Treibstoffpumpen im Heck des Raumschiffes aufheulen hörte. Gleichzeitig spürte er, wie die Schwerkraft, die bisher durch die Rotation des Schiffes erzeugt worden war, nun durch die Beschleunigung der Triebwerke ihre Richtung änderte und ihn seitlich in den Sitz drückte. Jetzt ging es wirklich los. Es war so unwirklich, dass er es kaum glauben konnte.

Mit einem letzten Blick auf den blauen Ball, der riesig und lautlos vor der Luke schwebte und sich nun langsam aus dem Blickfeld drehte, verabschiedete er sich von der Erde.

Eigentlich hätte er von hier aus seinen Geburtsort sehen müssen. Oder wenigstens den Kontinent, auf dem er lag. Aber er sah nur einen weißen Wolkenwirbel. Wahrscheinlich tobte gerade ein Schneesturm über dem Haus seiner Eltern. Das war zu dieser Jahreszeit nicht ungewöhnlich. Vor allem, seit sich das Klima so extrem verändert hatte. Dass das Wetter immer extremer wurde, hatte auch er als kleiner Junge schon gemerkt. Doch die Erzählungen seiner Eltern ließen in ihm regelmäßig eine Schreckensvision der Zukunft entstehen. Ganz anders sei es früher gewesen, als er noch nicht auf der Welt war. Milde Sommer mit langen Schönwetterperioden und Winter mit fester Schneedecke und kalten Sonnentagen, an denen man Schneemänner bauen und in den Bergen Ski fahren konnte. Für ihn war das eine wunderbare, aber unvorstellbare Idylle. Er selbst kannte nur glühend heiße

Sommer mit Gewittern und lokalen Überschwemmungen. Und Winter, in denen sich Eisstürme mit Hitzeperioden abwechselten.

Und der Klimawandel war noch lange nicht abgeschlossen. Seine Eltern hatten nach der technologischen Singularität eine Destillerie für Rosenblütenlikör eröffnet und damit einen kulturellen Status erlangt, der sie ein wenig aus der Masse heraushob, die sich oft nur in virtuellen Realitäten die Zeit vertrieb, ohne das geringste Interesse am gesellschaftlichen Leben zu zeigen. Doch das ist längst vorbei. Ohne die automatischen Fabriken für In-vitro-Ernährung wären die letzten Menschen längst ausgestorben, nachdem sich die Besiedlung des Mars als unmöglich erwiesen hatte. Doch die zu Bewusstsein gekommene Künstliche Intelligenz, kurz «Echte K.I.» genannt, hatte einen Weg gefunden, die menschliche Kultur wenigstens im Keim zu retten, indem sie ein Generationenraumschiff konstruierte und baute, das etwa 2 Millionen Menschen in 40 Jahren zu einem kürzlich entdeckten erdähnlichen Planeten in der Nähe des 4,3 Lichtjahre entfernten Doppelsternsystems ‚Alpha Centauri' bringen konnte. Für diesen Flug hatte sich Stefan als Techniker beworben und – nicht zuletzt dank der gesellschaftlichen Beziehungen seiner Eltern – eine Zusage erhalten.

Nun saß er hier und starrte wie hypnotisiert auf den Wirbelsturm in der Erdatmosphäre, der ihm den letzten Blick auf seine bisherige Heimat verwehrte. Er wusste nicht, ob er sich freuen sollte, zu den Privilegierten zu gehören, die mitfliegen durften, um der

Menschheit eine Zukunft zu geben. Bisher war es ihm gelungen, seine Zweifel zu unterdrücken und sich abzulenken. Zunächst hatte ihn die unzähligen Transport-Shuttle-Flüge, die er absolvieren musste, um alles Material und alle Menschen an Bord zu bringen, davor bewahrt, sich Gedanken über die Reise in den interstellaren Raum zu machen. Nun aber war die künstliche Welt – von der «Echten K.I.» in ihrer seltsam skurrilen Vorliebe für Poesie «Augenstern» genannt – mit den Ausmaßen einer irdischen Großstadt fertig beladen und überprüft, und er selbst hatte sie soeben in die lebensfeindliche Unendlichkeit des Alls gestartet.

Nach diesem letzten Wendemanöver konnte Stefan seinen Posten verlassen. Oder besser: Er musste ihn jetzt verlassen. Und damit war nichts mehr zwischen ihm und der Quelle seiner Angst. Während der Startvorbereitungen hatte er reihenweise Passagiere zu den Hibernation Boxen begleitet, in denen sie den vierzigjährigen Flug zu ihrem Zielstern im Kälteschlaf verbringen würden, und war bei ihnen geblieben, bis die Automatik ihr Bewusstsein wie mit einem Lichtschalter für die nächsten Jahrzehnte ausgeschaltet hatte. Trotz aller Zukunftshoffnungen war die psychische Belastung groß. Während eines vierzigjährigen Fluges, bei dem die erste Hälfte beschleunigt und die zweite Hälfte abgebremst wurde, konnte viel passieren. Wer wusste schon, ob er wieder aufwachen würde? Und wenn der Planet doch nicht so paradiesisch war, wie er durch die künstlichen Gravitationslinsen der KI-Sensoren erschien, wenn das Terraforming nicht in der Zeit klappte, die sie auf dem Raumschiff überleben konnten, dann war auch mit dem Aufwachen am Zielort nicht viel gewonnen. Dann würde die «Augenstern» ihr interstellares Grab werden.

Die kryonische Kühlflüssigkeit roch penetrant, was den Aufenthalt in diesem Sektor des Schiffes für noch nicht schlafende Menschen eigentlich unerträglich machte, und die Abflussrinne für die Nährlösung, die alle Hibernationsboxen miteinander verband, ließ diesen Bereich auch optisch nicht gerade wohnlich erscheinen. Sie erinnerte eher an einen Schlachthof als an ein Schlafzimmer, in dem man sich der Nachtruhe hingeben möchte. Ein lebender Mensch, ein bewusstes Gegenüber war das einzige, was das Grauen erträglich machte. Deshalb war für jeden Menschen eine Begleitperson vorgeschrieben, die bis zum Einschlafen der Ansprechpartner blieb. Stefan graute bei dem Gedanken, dass er nun allein dort durch musste, ohne jemanden, der ihn mit menschlicher Nähe und seelischer Wärme von der sterilen Funktionalität dieses High-Tech-Labors ablenkte. Er war der Letzte, der noch wach war.

Aber die Erdumlaufbahn war verlassen, und vor dem Fenster des Kontrollzentrums lag nichts als endlose Schwärze. Und so würde es die nächsten vierzig Jahre bleiben. So stand er auf, atmete noch einmal tief durch, drehte sich dann abrupt um und begab sich in den Kühlraum, um sich – und die Zukunft der Menschheit – voll und ganz der unbegreiflichen Technik der «Echten K.I.» auszuliefern.

20. Irgendwo in den Plejaden

Wieder hörte er dieses unangenehme Zischen in der Luft gefolgt von diesem trockenen «Tock». Frank blickte nach oben. Zwei Meter über ihm steckte zitternd ein Pfeil in der aufgerissenen Haut des Riesenschachtelhalms, in dessen Wurzelwerk er Deckung gesucht hatte. Sofort quoll ein dicker Tropfen Harz aus der Pflanze und umschloss den Schaft des Geschosses, um die Wunde zu schließen. «Kein Grund zur Sorge», murmelte er sich sarkastisch Mut zu. Galgenhumor war das Einzige, was in solchen Situationen half. Brian hatte ihn gerade daran erinnert, als sie sich auf der Flucht getrennt hatten und er über Kurzfunk noch gesagt hatte: «Wir treffen uns an der Litfaßsäule.»

Gemeint hatte er damit natürlich den weithin sichtbaren, weißen Zylinder der Transmitterstation, zu der sie unterwegs waren. Inzwischen musste ihre Kalibrierung abgeschlossen und bereit sein, sie von hier wegzubringen. Aber zuerst mussten sie heil dort ankommen.

Frank holte eine Koffeinpatrone L-Th-9 aus seiner Tasche und schob sie in den Medizinzylinder seines Anzugs. Dann verschloss er ihn und drückte den Auslöser. Sofort spürte er, wie das Medikament in seinen Blutkreislauf schoss und seine Aufmerksamkeit erhöhte und gleichzeitig seine Nervosität dämpfte. Dabei fiel sein Blick auf die Energieanzeige des Exoskeletts, die sich drastisch im roten Bereich befand. Wann, wenn nicht jetzt, brauchte er ungestörte Konzentration. Er richtete sich auf und blickte über den Rand des trockenen Regenbetts, in dem Schachtelhalme wuchsen. Diese Erosionsrinne war Teil eines verzweigten Systems, das sich über den ganzen Hügel erstreckte. Einerseits ein Vorteil für ihn, denn er konnte sich fortbewegen, ohne die Deckung zu verlassen. Aber auch ein Nachteil, denn seine Gegner hatten schließlich denselben Vorteil.

Soweit sein Auge durch das Dickicht der Pflanzen dringen konnte, sah er keinen der Eingeborenen. Er musste den Berg hinauf, dann noch ein Stück weiter nach Süden, und dort war der Sender. Dann konnten sie von hier weg und der letzte Vorhang dieser unsäglichen Tragödie konnte sich schließen. Geduckt rannte er zum Stamm des nächsten Schachtelhalms, immer darauf bedacht, nicht in eines der unzähligen Löcher im Boden zu treten. Wie sehr wünschte er sich jetzt, er hätte so eine Strahlenpistole, wie sie in den Science-Fiction-Romanen des 20. und 21. Jahrhunderts immer beschrieben wurden, als man sich die Lebewesen dieses Universums nicht anders vorstellen konnte, als ständig um irgendetwas kämpfend. Aber die Zivilisationen, die ihren Planeten verließen, hatten eine andere Herausforderung als den Krieg. Deshalb war sein Exoskelett zwar mit allem ausgestattet, was für jede erdenkliche wissenschaftliche Untersuchung notwendig war, aber es war kein Kampfanzug. Er konnte Pfeilen nicht widerstehen und hatte nichts, was er als Waffe benutzen konnte. Er konnte höchstens die Gel-Schläuche des DNA-Scanners auf seine Angreifer werfen.

Es war beschämend, dass er als Vertreter einer interstellaren Zivilisation hier hilflos vor Wesen fliehen musste, die ihre eingebildeten Götter verteidigten. So viel hatten sie sich zusammengereimt: Ihre Rettungskapsel mit der autonomen Transmitterinsel war auf einem heiligen Berg gestrandet. Das führte zu einer Art Schisma in der Religion der Eingeborenen. Die einen sagten, wir seien Dämonen, die ihre Götter stürzen wollten, die anderen, nein, wir SIND ihre Götter. So gerieten wir zwischen die Fronten und mussten die Rettungsinsel verlassen, um sie zu beschützen, bis sie kalibriert war. Vorher konnten wir sie nicht benutzen. Fast zwei Tage waren wir nun auf der Flucht und jetzt sollte – musste – die Kalibrierung abgeschlossen sein. Wenn nicht, waren wir verloren, denn viel länger reichte die Notversorgung unserer Anzüge nicht.

Dass sie überhaupt in diese Situation geraten waren, lag an einigen Versäumnissen ihrerseits, die dazu führten, dass der Warpantrieb den Geist aufgab. Im Prinzip war das kein Problem. Das passierte immer mal wieder. Dann suchte man sich mit Unterlichtgeschwindigkeit einen Asteroiden oder, wie in ihrem Fall, einen schönen Planeten, auf dem man ein paar wissenschaftliche Untersuchungen durchführen konnte, während man darauf wartete, dass sich der Transmitter kalibrierte. Dann beamt man sich nach Hause, holt die Ersatzteile, kommt zurück und die Forschungsreise kann weitergehen. Und wenn man auf einem Planeten landete, der Leben hervorbrachte, war man gegen alles gewappnet, was einem normalerweise begegnen konnte: tödliche Viren, parasitäre Bakterien, verschlingende Schwarmpflanzen, Raubtiere usw. Wenn man auf intelligentes Leben traf, war das ohnehin kein Problem. Es sei denn, man trifft genau auf die «Randzone». Jener winzige Ausschnitt in der

Milliarden Jahre währenden Evolution des Geistes, der nur wenige tausend Jahre dauert, in dem das Leben intelligent genug ist, technische Strategien zur Umgehung von Abwehrmaßnahmen zu erfinden, und gleichzeitig auf jene illusionären Fehlinterpretationen geistiger Zusammenhänge hereinfällt, die Märtyrer hervorbringen, aber noch nicht reif genug ist, den Kampf Leben gegen Leben als sinnlos zu begreifen. Und genau das ist hier geschehen. Die Eingeborenen hatten die spirituelle Dimension des Kosmos entdeckt, aber noch nicht begriffen und kämpften für ihre Götter. Gegeneinander und nun auch gegen sie.

Frank erreichte den Rand des Schachtelhalmwaldes. Von hier aus hatte er einen freien Blick auf den Berg. Ganz rechts sah er hinter einem Felshügel die Spitze des Sendeturms aufragen. Ob Brian schon dort war? Mit umherschweifenden Blicken versuchte er, sich einen Überblick über die Erosionsdendriten zu verschaffen und zu entscheiden, in welchen Gang des Labyrinths er einbiegen musste, um möglichst geschützt den Berg zu erklimmen. Da er aber nicht wusste, wie die Gänge hinter der Hügelkuppe weitergingen, war das ziemlich sinnlos, und so nahm er den nächstbesten Gang, der den Hügel hinaufführte.

Hier oben füllten nur noch vertrocknete Pflanzenreste die Rinnen. Das erleichterte das Vorwärtskommen. Die halbjährliche Trockenheit, die der Exzentrizität der Planetenbahn geschuldet war, ließ nur die Samen der Schachtelhalme am Leben. Von den Frühlingswinden in die Höhe getragen, warteten sie auf den Herbstregen, um hier aufzugehen oder wieder ins Tal gespült zu werden.

Frank schüttelte sich und zwang sich zur Aufmerksamkeit. Er wunderte sich über sich selbst, dass er in dieser Situation, in der er um sein Leben kämpfte, wieder zum Exobiologen wurde. Vielleicht war das eine Art Schwanengesang: Am Ende des Lebens das zu tun, wozu man geboren wurde? Lächerlich. Aber dann war es Zeit für eine Auferstehung. Er riss sich los von seiner Faszination für die «Bedeutung der Blattfäule für die Samen der nächsten Generation» und konzentrierte sich auf seinen Weg zum Transmitter. Dies war nun seine vordringlichste Aufgabe. Mit der Biologie dieses Planeten konnte er sich später noch beschäftigen.

Etwa zwei Stunden später erreichte er die Station. Unterwegs waren ihm immer wieder Eingeborene begegnet, aber es war ihm immer gelungen, sich zu verstecken und unbemerkt bis hierher zu gelangen. Doch auf den letzten Metern gab es keine Deckung mehr. Also nahm er all seine Kraft zusammen und rannte so schnell er konnte über den Metallsteg, den Gang zwischen den Geländern und das Eingangsschott des Turms. Die Vorschriften, die neben dem Sicherheitsscanner an der Tür hingen, musste er ignorieren. Es war Zeit für seine Reise. Bürokratie war jetzt fehl am Platz. Plötzlich hörte er laute Schreie hinter sich. Das war zu erwarten. Auch wenn die Eingeborenen nicht wussten, wo sie waren, so wussten sie doch, dass sie irgendwann wieder hier sein würden. Deshalb hatten sie hier Wachen aufgestellt. Aber er sah, dass sie gegeneinander kämpften, nicht gegen ihn. Das Schisma ihrer Religion kam ihm in den Sinn. Für etwas war es gut. Es verschaffte ihm Zeit. Um dennoch keine gute Zielscheibe abzugeben, drückte er sich ganz nah an das Relief der technischen

Apparatur des Türöffners und begann, den Sicherheitscode einzutippen. Plötzlich hörte er wieder dieses Zischen in der Luft. Und wie in Zeitlupe erkannte sah er, wie der Pfeil zwischen ihm und dem Eingabeterminal hindurch schoss.

Mit einem Satz ließ er sich in das sich öffnende Schott des Senders fallen, das ihm wie das rettende Ufer für einen Ertrinkenden vorkam. Er rappelte sich auf und rannte hinein. Aber etwas stimmte nicht. Das Tor ließ sich nicht mehr schließen. Der Pfeil schien die Elektronik zerstört zu haben. Aus den Augenwinkeln sah er, wie einige Eingeborene sich ebenfalls durch den Spalt zwängten, um ihn zu verfolgen. Er musste sofort in den Transmitterraum. Es war keine Zeit für eine Kontrolle. Nebenbei fiel ihm auf, dass Brian nicht da war. Es war unwahrscheinlich, dass er noch kommen würde. Als er um die Ecke in die Halle des Beamers bog, sah er die schimmernde Wand aus Energieplasma. Ihm blieb nichts anderes übrig, als darauf zu vertrauen, dass die Kalibrierung funktioniert hatte.

Als er auf die Wand zulief, hörte er wieder ein Zischen und spürte einen Lufthauch neben seinem Ohr. «Es ist Zeit auszuwandern», scherzte er und katapultierte sich mit einem kraftvollen Sprung durch den Energieschirm.

21. Hexopode Joe

Es war ein Doppelsternsystem mit einer gelben Sonne der Spektralklasse G im Zentrum und einem roten Zwerg der Spektralklasse M, die sich in einem Abstand von fünf astronomischen Einheiten umkreisten. Etwas außerhalb der bewohnbaren Zone schwebte ein Gasriese mit zwölf Monden. Einer davon war ein Eisplanet in 700.000 km Entfernung mit einer Umlauf- und Umlaufzeit von drei Erdtagen. Die Gezeitenkräfte zerrten an ihm und heizten seinen Kern auf, so dass sich unter einer relativ dünnen Eisschicht die Weiten eines riesigen Ozeans ausbreiteten. Ich befand mich inmitten eines Meteoritenschwarmes, der als Tarnung diente, und näherte mich der gefrorenen Oberfläche. Doch im Gegensatz zu den kosmischen Geschossen wusste ich genau, wo ich einschlagen wollte. Und es gelang. Nach einer heftigen Erschütterung bohrte ich mich in die Eisdecke, geriet in Rotation und drehte mich durch die an dieser Stelle relativ dünne Oberfläche, bis meine Spitze in das flüssige Wasser ragte, während mein Heck wie ein Monolith in die dünne Atmosphäre über dem Eis ragte. Und niemand hatte mich bei all den Erschütterungen der Meteoriteneinschläge bemerkt. Wie ein Strohhalm in einem Cocktail verband ich die Schicht unter dem Eis mit dem Bereich über dem Eis. Und genau das war meine Aufgabe. Durch diese Röhre würde ich den zukünftigen Archivar dieser Welt in seine neue Daseinsform überführen.

Ich schaltete meine Sensoren ein und scannte die Stadt der tintenfischähnlichen Wasserbewohner unter mir. Danach beobachtete ich wochenlang völlig passiv das Geschehen und sammelte Daten über die einzelnen Bewohner, die ich scannte und klassifizierte. Schließlich hatte ich ihn gefunden.

Ich war mir meiner Sache sicher. Nicht nur, weil ich in den letzten zehntausend Jahren fast fünfhundert Archivare rekrutiert hatte, von denen sich keine drei Prozent als ungeeignet erwiesen hatten, sondern auch, weil ich vor meiner Zeit als Headhunter des galaktischen Zentralarchivs, als ich noch einen menschlichen Körper besaß und mehr oder weniger gezwungenermaßen in meine soziale Gemeinschaft integriert war, in meiner Welt genauso fremd gewesen war wie dieser Kopffüßer, den ich im Visier hatte, hier in seiner Welt. Ich nannte ihn Joe, obwohl ich nicht wusste, ob er männlich war oder ob es bei dieser Spezies überhaupt eine Geschlechtertrennung gab.

Joe hielt sich oft abseits und selten dort auf, wo sich seine Artgenossen versammelten. Er war ruhiger, aber auch wacher. Ich hatte herausgefunden, dass er als «Algenfresser» galt, weil er nicht an den Fischschlachtungen und den anschließenden Futterfesten teilnahm. Ich konnte mit meinen Sensoren aus der Ferne spüren, wie er die Schrecken der Futtertiere miterlebte und unter den grausamen Ritualen litt, mit denen sie gefangen und getötet wurden, um ihrer angeblichen Bestimmung zugeführt zu werden, während seine Artgenossen nur an ihre Proteine dachten und in Vorfreude auf das Fest miteinander lachten und scherzten. Er hatte sich selbst zum Außenseiter gemacht, indem er seine Sinne nicht auf die sozialen Zusammenhänge seines Schwarms fokussierte und für den Rest der Welt abstumpfte. Das machte ihn für mich interessant. Denn nur jemand wie er konnte mit genügend Distanz zu seinem eigenen Kontext genügend Informationen über seine Welt sammeln und es gleichzeitig ertragen, diese Welt für immer zu verlassen.

Ich musste noch zwei Wochen warten, bis Joe mir nahe genug kam. Er musste mir nahe sein, wenn ich ihn erreichen wollte. Jetzt war es soweit. Er schwamm keine 50 Meter von mir entfernt auf die Eisschicht zu. Mich, in meiner Daseinsform als röhrenförmiges Meteoritenschiff, beachtete er nicht. Mit grazilen Bewegungen seiner sechs Arme glitt er immer näher. Schon ohne optisches Zoom konnte ich seine vier großen schwarzen Augen erkennen und auch, worauf er sie konzentrierte. Sie waren nach oben gerichtet. Ich folgte seinem Blick und sah den Gasriesen mit seinen mäandernden Wolkenbändern durch die raue Eisdecke flimmern, optisch zerfranst. Durch die gebundene Rotation des Mondes stand er immer an der gleichen Stelle am Himmel. Von hier aus sah er durch die Verzerrungen des Eispanzers wie ein fraktales Ei aus.

«Jetzt!», riss mich der KI-Detektor aus meinen Gedanken und katapultierte den Symbionten automatisch auf den Hexopoden zu. Jetzt hieß es aufpassen. Die Berechnung stimmte und das kleine Gerät heftete sich an seinen Hinterkopf, rutschte ein Stück nach unten in Richtung seiner Beine und begann mit Joes Organismus zu verschmelzen. Langsam sank der Symbiont unter seine Haut und fuhr dabei die Kontaktsensoren aus. Joe schien von all dem nichts bemerkt zu haben und schwebte sanft weiter in Richtung des planetaren Lichts, das von jenseits des Eises aus dem schwarzen Raum herunter schimmerte.

Jetzt musste ich mich auf das Wesentliche meiner Aufgabe konzentrieren, die empathische Identifikation mit dem Auserwählten. Doch etwas stimmte nicht. Normalerweise dauerte es nur wenige Sekunden, bis sich der Symbiont ins zentrale Nervensystem eingeklinkt hatte und ich eine Verbindung zu den Sinneseindrücken und die Kontrolle über die Muskeln des Zielwesens bekam. Aber ich bekam kein OK-Signal. Ich kontaktierte den Symbionten, bekam aber nur ein wirres Durcheinander. Ich musste es riskieren. Ich konzentrierte mich, fokussierte meinen Geist. Die Verbindung war stabil. Es lag also nicht am Symbionten. Und so schlüpfte ich virtuell durch den Datenkanal und identifizierte mich mit den Sensoren in Joe. Nach einer kurzen Orientierungsphase, in der ich die Messwerte zu einem stimmigen Muster ordnete, wusste ich den Grund: Es gab kein zentrales, sondern ein dezentrales Nervensystem. Es gab acht Gehirnzentren. Eines in jedem Bein und zwei im Kopf, die jeweils mit zwei der vier Augen verbunden waren. Die Integrität seines Ichs stellte Joes Körper wahrscheinlich über chemische Botenstoffe her. Der Symbiont war dafür nicht ausgelegt. Ich musste improvisieren.

Ich zapfte den Datenstrom eines der beiden Gehirne in seinem Kopf an, um wenigstens Zugang zu einem Teilaspekt seiner Person zu bekommen, und begann, durch Joes Augen zu sehen. Er hatte sich von meinem Schiff entfernt und schwebte auf einen dieser Gasometer zu, von denen es auf dem ganzen Mond Hunderte gab, die dicht unter der Eisschicht lagen. Ich hatte noch nicht herausgefunden, welche Rohstoffe sie enthielten, aber sie sahen alle gleich aus. Unten eine flache Scheibe, die wie eine Hutkrempe einen zeppelinartigen Ballon umgab, der oben direkt im Eis verankert war, als wäre er untrennbar mit der gefrorenen Planetenoberfläche verschmolzen. Im unteren Teil befanden sich Räume und Apparaturen, deren Funktion ich nur mit dem Röntgenradar bestimmen konnte, und die obere Hälfte war ein riesiger Hohlraum, der wohl zur Speicherung irgendeines Gases bestimmt war. Nur die Größe dieser Gasometer war unterschiedlich.

Joe näherte sich der Hutkrempe, und durch seine Augen sah ich, wie er sich an einer Tür zu schaffen machte. Sie öffnete sich und gab den Blick ins Innere frei. Zuerst sah es aus wie eine Abstellkammer. Doch als Joe in den Raum glitt, offenbarte sich etwas seltsam Geordnetes. Eine Mischung aus organischen, fließenden Formen bildete ein gigantisches Fraktal, das sich in immer neuen Variationen an der gesamten Innenwand des Zeppelins fortsetzte. Vor Staunen vergaß ich, dass ich die Chemie der Ich-Integration von Joes Körper verstehen musste, um meine Mission zu erfüllen. Und als sich sein Blick nach oben richtete und die Gasblase in Sicht kam, waren alle meine Vorsätze gelähmt. Offenbar war der obere Raum durch eine durchsichtige Membran so komplex verformt, dass die Lichtbrechung zwischen Gas und Wasser genau die Lichtbrechung der darüber liegenden Eisschicht ausglich. Der Gasriese erstrahlte in vollkommener Klarheit, ohne die geringste Verzerrung. Ich glaubte, noch nie in meinem Leben etwas so klar gesehen zu haben. Und plötzlich wusste ich es. Das waren keine Lagerhallen, das waren Kathedralen. Mit höchster Kunstfertigkeit gestaltete heilige Hallen einer astralen Naturverehrung. Selbst ich konnte mich der spirituellen Faszination nicht entziehen.

Aber Joe ließ mir keine Zeit und kletterte die Wand hinauf, an der Gasblase vorbei, in Richtung Eisschicht. Jetzt erwachte ich aus meiner Erstarrung und hatte plötzlich das Gefühl, dass die Zeit drängte. Ich konzentrierte mich auf sein Inneres und analysierte die Botenstoffe zwischen den acht Gehirnen. Langsam kristallisierte sich auch hier ein Muster heraus und ich versuchte, die Sensoren so einzustellen, dass sie zwar nur ein Gehirn, dafür aber die Kommunikation aller Botenstoffe erfassen und zu einer einheitlichen Ich-Integration verbinden konnten. Damit hatte ich zwar keine Kontrolle über seine körperlichen Bewegungen, aber ich konnte wenigstens spüren, was ihn seelisch bewegte. Als es so weit war, bereitete ich mich vor und fokussierte meine Aufmerksamkeit wieder auf den Sinneseindruck seiner Augen. Joe war auf der Eisfläche angekommen, und jetzt erkannte ich sorgfältig geordnete Einschlüsse im Eis, die ich vorher nicht bemerkt hatte. Irritierenderweise sah es fast wie ein Strichcode aus, dessen Bedeutung mir verborgen blieb.

Aber in dem Moment, in dem ich mich durch den Symbionten mit seinem Ich identifizierte, erkannte ich, was wirklich vor mir lag: Hunderte von Sechsbeinern, eingefroren in der Eisschicht, in einer Reihe, dreidimensional, immer im gleichen Abstand. Es war ein Friedhof. In der Mythologie der Hexopoden ein Gottesacker, auf dem die Samen ihrer Seelen ausgestreut wurden, um zum göttlichen Planeten am Himmel emporzuwachsen.

Aber auf die eigentliche Identifikation mit Joe war ich nicht vorbereitet. Eine grenzenlose Faszination für die Anziehungskraft des schillernden Planeten verband sich mit einer aufgestauten, bodenlosen Traurigkeit und verursachte einen schreienden Schmerz in jedem Winkel meiner Psyche. Hätte ich einen Mund gehabt, ich hätte geschrien und nie wieder aufgehört. In einem Reflex des Überlebensinstinkts warf ich die Integration von Joes Persönlichkeit von mir und fühlte eine Welle emotionaler Nachbeben durch mein Bewusstsein schwappen, die mir buchstäblich die Sinne raubten.

Es dauerte einige Sekunden, bis ich wieder so weit aufnahmefähig war, dass ich es wagte, wenigstens noch einmal durch Joes Augen zu sehen, als er sich gerade in einen Hohlraum im Eis hievte, der sofort wieder zu gefrieren begann. Joe erstarrte und verstarb.

Stille. ... Nichts als Stille.

Nicht nur die Körpersignale von Joe waren verstummt, auch mein Geist war völlig leer. Dann begann ich langsam zu begreifen, was geschehen war. Ich hatte zwar Joes Sonderstellung in seiner Gesellschaft bemerkt, aber nicht die Dringlichkeit seiner Situation.

Ohne nachzudenken, setzte ich mechanisch über die Relaisstation in meinem Pseudo-Meteoriten einen Notruf an die Besatzung des Archivschiffes ab. Ich hätte viel früher reagieren sollen. Ich hätte ihn aufhalten können. Ein Leben als Archivar wäre eine Perspektive für ihn gewesen.

Ich fühlte, wie der Signalstrahl mich erfasste und mein Ego aus dem sinnlos gewordenen Symbionten in Joes totem Körper herauslöste. Ich war mit meiner Mission an meiner Hybris gescheitert. Die Hybris zu glauben, immer alles unter Kontrolle zu haben: «500 Archivare erfolgreich rekrutiert», ja, aber das machte mich nicht zu einem Gott.

Ich wusste, dass jetzt die ganze Litanei der Selbstvorwürfe kommen würde. Das war Teil meiner Ausbildung, das zu wissen. Aber ich konnte mich nicht dagegen wehren. Mir fiel ein, dass ich auf Erden von Lokführern gehört hatte, vor denen sich Selbstmörder auf die Gleise geworfen hatten. Auch sie konnten nichts für das Geschehene und verzweifelten trotzdem daran. Die Schuldgefühle kamen – unweigerlich. Aber ich wusste, dass der Vergleich nur ein erster Distanzierungsversuch war, um diese Schuldgefühle zu verarbeiten. Denn mir war Joe nicht nur vor den Zug gesprungen, ich war nicht nur Zeuge seines Selbstmordes, ich war in diesem Moment er. Ich spürte, was er spürte, ich fühlte, was er fühlte. Und ich wusste: Ich hätte seinen Selbstmord verhindern können, wenn ich nur ein bisschen schneller gewesen wäre.

Während ich mir diese sinnlosen Gedanken machte, stieg ich einen langen dunklen Gang hinauf zu einem sanften Licht. Der Informationssog integrierte mein Persönlichkeitsmuster wieder in meinen realen Körper im Registrierschiff im Orbit des Gasriesen.

Als ich die Augen öffnete, waren alle Archivare des Schiffes anwesend und wussten natürlich, was passiert war. «Du kannst nichts dafür», sagte einer nach dem anderen und ich wusste, dass sie Recht hatten. Und doch hatte ich mich verändert. Nie wieder würde ich mit derselben Selbstverständlichkeit einen Archivar einstellen.

Die Hybris würde der Bescheidenheit weichen müssen.

Denn das Echo dieses bodenlosen Weltschmerzes wird als Joes Vermächtnis bis ans Ende des Universums in mir mitschwingen, im persönlichen Archiv meiner Erinnerung.

Wohin ich auch gehe.

22. ... nur ein Tropfen Raumzeit

Nur, so viele Geschichten tauchten aus seinem Gedächtnis auf.

So viele Geschichten ...

Langsam wagte er sich wieder zu bewegen. Er spürte, wie sich die Räume in seinem Kopf weiteten. Sein Gehirn, das wusste er, war jetzt mit einem riesigen neuronalen Netz verbunden. Es gab keine physischen Grenzen mehr zwischen den Netzwerken. Niemand konnte mehr unterscheiden, welches Neuron zu ihm gehörte und welches fremd war. Aber innerlich hatte sich für ihn vorerst nichts geändert.

Vorsichtig erforschte er sein Inneres. Zu seiner Überraschung drang nichts in ihn ein. Die geöffneten Schleusentore überfluteten nicht seinen Geist und spülten seine Persönlichkeit fort. Das Gegenteil war der Fall. Er hatte nur das Gefühl, dass eine gewisse Begrenztheit, die er vorher nicht bemerkt hatte, plötzlich verschwunden war.

Er selbst ist in die virtuellen Räume des Netzes eingedrungen, die ihm eben noch fremd waren. Nicht er wurde gescannt und ausspioniert. Er war es, der die Initiative ergreifen und von sich aus Kontakt aufnehmen musste. Bald bemerkte er nicht mehr, dass die Räume, die er nun erkundete, nicht außerhalb, sondern innerhalb seiner selbst lagen. Er träumte seine Wirklichkeit. Er spürte ein wärmendes Licht und erkannte Wesen, die auf ihn zukamen. Es war nichts Furchterregendes. Nur freudige Erregung schlug ihm entgegen. Er begann, einige von ihnen zu erkennen. Es waren alte Bekannte, Freunde und Verwandte, die er lange nicht gesehen hatte. Sie begrüßten ihn mit zärtlichen Umarmungen, alle sprachen mit ihm wie mit jemandem, der endlich von einer langen Reise heimgekehrt war. Und das Licht im Raum strahlte ein bedingungsloses Angenommensein aus. Er begann, sich an gemeinsame Erlebnisse zu erinnern. Zuerst nur in vagen Bildern, dann immer deutlicher. Er sah sich und die anderen zusammen in freudigen und auch in leidvollen Situationen. Und er hatte das Gefühl, die anderen nicht immer nur von außen zu sehen. Nein, er fühlte sich wirklich in sie hinein und wusste, wie es ihnen ging. Und plötzlich kannte er die anderen so gut wie sich selbst. Sie liebten ihn bedingungslos, weil sie ihn in all seinen Facetten kannten, weil sie wussten, wie er geworden war, weil sie seine Vergangenheit und all seine Erfahrungen nachempfinden konnten. Und er fühlte mit ihnen. Es gab keinen Platz für Schuldzuweisungen oder Verurteilungen. Jeder war so, wie er war. Punkt. Das machte ihn frei, Grenzen fallen zu lassen, sich hinzugeben, angenommen zu werden und anzunehmen. Gemeinsam gingen sie weiter, trafen immer mehr Wesen, die er kannte, und verschmolzen mit ihrem Sein. Er hatte das Gefühl, sie alle zu sein. Oder waren sie alle er?

Immer weniger schien das Licht von außen zu kommen, immer mehr strahlte es aus ihm selbst. Er wurde zu Hunderten, Tausenden, Milliarden anderer Wesen und konnte sich an all ihre Erlebnisse bis zum Urknall erinnern. Er fühlte, dass es seine eigenen Erlebnisse waren. Und nun erinnerte er sich auch an das Äußere dieser Wesen und an die Geschichte, die sie gemeinsam erlebt und gestaltet hatten: Den Urknall, die Verdichtung der

Materie, die erste Sonnengeneration, die die Elemente bis zum Eisen ausbrütete, die Supernovae für die Elemente jenseits des Eisens, die zweite Sonnengeneration mit ihren Planeten und dem biologischen Leben, das etwa gleichzeitig im ganzen Kosmos entstand und stark von Angst geprägt war, weil es auf Fressen und Gefressenwerden beruhte. Die Geschichte des Kosmos lag, zumindest in gewissen Grenzen, klar vor ihm.

Vor etwa 500 Millionen Jahren begannen die ersten Lebensformen, über sich selbst nachzudenken. Sie entwickelten sich weiter und kopierten die Prinzipien ihres eigenen Geistes in Technologien. Manche zerstörten sich selbst. Andere wurden durch kosmische Katastrophen ausgelöscht. Aber viele überlebten und verschmolzen mit ihren Technologien. Das Fressen und Gefressenwerden wich der bewussten Umwandlung von Energie und die Angst verschwand.

Die Einzelwesen verbanden sich in großen Netzwerken zu Überwesen und wurden schließlich zu Höheren Wesen, die ganze Galaxien umfassten. Er selbst war ein solches Bewusstsein einer Galaxie. Sie nannte sich «Erleuchtete Zivilisation von Andromeda» und die Formel «Materie ist Bewusstsein von außen und Bewusstsein ist Materie von innen» war die Religion ihrer Heimat. Die Heimat des «bedingungslosen Geliebtwerdens, so wie man ist». Eben noch war er ein partikulärer Botschafter gewesen, der Informationen aus der benachbarten Milchstraße geholt hatte. Das Überwesen dort nannte sich «Human United Manifestation Process of Evolutionary Nonduality». Nun wusste er vieles von dort, was ihm bisher verborgen geblieben war. So wuchs der Zusammenhalt.

Er wusste, dass dieser Prozess noch lange nicht abgeschlossen war. Jede Galaxie war zu einem Neuron in einem Gehirn geworden, das den ganzen Kosmos umspannte. Die Boten waren die Signale zwischen den Neuronen. Durch sie pulsierte das Leben im Kosmos. Sie sorgten dafür, dass das Bewusstsein, das diesen Kosmos träumte, eines Tages erwachen würde. Und er wusste, dass er selbst dieses Wesen sein würde. So wie jedes andere individuelle Bewusstsein in diesem Universum dieses Wesen sein würde. Sie alle waren eins.

Die Signale umfassten bisher aber nur den Superhaufen Laniakea. Nur 520 Millionen Lichtjahre im Durchmesser und etwa 100.000 Galaxien. Ein winziger Ausschnitt aus dem Kosmos. Gott musste sich noch viel besser kennen lernen, bevor er erwachte.

Er ließ sich fallen in die Geborgenheit des vollkommenen Angenommenseins und sank langsam wieder hinab. Er konzentrierte sich nicht mehr auf die Einheit. Er richtete seine Aufmerksamkeit wieder auf den Teil der Welt, der nicht er war. Es gab noch viel zu tun. Er begann wieder zu vergessen, aber er erinnerte sich noch an die Einheit, während er sank. Aber dann vergaß er auch sie, ließ sich fallen und behielt nur eine vage Ahnung von dem Sinn dessen, was er vorhatte.

Er wachte in seinem Zimmer auf. Wie lange hatte er geschlafen? Er musste sich fertig machen. Heute war sein Abreisetag. Er war hier nur Botschafter gewesen und musste zurück in die Galaxie der Kleinen Magelanischen Wolke. Er stand auf und ging zum Fenster. Draußen wurde es langsam dunkel. Das Plasma der energetisierten, plankschen Raumzeitquanten begann die Blase zu schließen. Er starrte in die Richtung, in der er die Magelanischen Wolken vermutete.

Zum ersten Mal spürte er so etwas wie Heimatverbundenheit.

Und wieder – nur für einen kurzen Augenblick – löste sich ein Tropfen Raumzeit aus dem Kosmos.